기술자격검정대비

Confectionery & Baking

제과제빵 실기

Preface
머리말

우리민족은 고조선 시대 이전부터 곡식발효에 의한 술을 빚어 왔고, 그 술을 마시고 강한 식문화생활을 유지하였습니다.

만주지역이 지배기원지인 흰콩을 발효시킨 메주의 역사도 상고시대 이전으로 거슬러 올라갑니다. 제빵 또한 밀가루 반죽을 발효시킨 음식으로, 제빵의 역사를 서양이나 일본에서 부터 찾으려는 것은 잘못된 것이라생각합니다. 광활한 만주벌판을 호령하던 고조선 이전의 역사속에서 발효음식의 기원을 찾아야 할 것입니다.

"발효는 마법입니다." 발효를 통하여 좋은 기능은 더욱 강화되고, 안 좋은 작용은 약화되거나 없어져서 사람 몸을 건강하게 해주기 때문입니다. 우리 주변에는 김치, 요구르트, 된장, 고추장 등 수많은 발효 음식이 존재합니다. 그 중 제과제빵은 가장 화려한 발효음식의 꽃이라 할수 있습니다. 건강한 삶을 지향하는 현대인들에게 제과제빵은 약이 되기도 하고 그렇지 않기도 합니다. 제과제빵을 배우는 학생들은 새로운 제품을 개발하고 연구할 의무가 있습니다.

제과와 제빵은 생명을 다루는 작업입니다. 제품을 만들어가는 일은 생명을 만들어 가는 일과 같습니다. 만드는 사람의 마음가짐에 따라서 같은 재료라도 완전히 다른 제품이 될 수도 있습니다. 이번 실기교재는 처음 제과제빵에 입문하는 분들에게 좋은 길잡이가 되고 디딤돌이 될 것이라 믿습니다.

우리나라의 제과제빵의 역사는 유럽이나 다른 나라에서 찾을것이 아니라 우리나라에서 독립적으로 찾아야 한다고 생각합니다. 그 주인은 바로 여러분과 우리 모두의 몫입니다.

바쁜 수업시간 중에도 시간을 내셔서 교재집필에 참여하여 주신 모든 기능장 선생님 및 선생님들께 감사드립니다. 그리고 사진편집과 출판에 애써주신 관계자 분들께도 감사의 말씀을 전합니다. 앞으로도 여러분의 많은 관심과 지도편달 부탁드립니다.

저자일동

Contents 차례

Part 01 이론편

I. 제과 · 제빵재료학 006
II. 제과 이론 014
III. 제빵이론 021
IV. 영양학 030
V. 식품위생학 034

Part 02 제과 기능사

초코롤케이크 044 흑미롤케이크 046 초코머핀 048
버터스펀지케이크(별립법) 050 젤리롤케이크 052
소프트롤 케이크 054 버터스펀지케이크(공립법) 056
마드레느 058 쇼트브레드 쿠키 060 슈 062 브라우니 064
과일케이크 066 파운드케이크 068 다쿠와즈 070 타르트 072
시퐁케이크(시퐁법) 074 마데라컵케이크 076 버터쿠키 078
치즈케이크 080 호두파이 082 찹쌀도너츠 084 멥쌀스펀지케이크 086
마카롱쿠키 088 사과파이 090 퍼프페이스트리 092 밤과자 094

Part 03 제빵 기능사

빵도넛 098 소세지빵 100 식빵 102 단팥빵 104
그리시니 106 밤식빵 108 베이글 110 스위트롤 112
우유식빵 114 단과자빵(트위스트형) 116 크림빵 118
풀먼식빵 120 소보로빵 122 호밀빵 124 통밀빵 126
버터롤 128 옥수수식빵 130 모카빵 132 버터톱식빵 134
쌀식빵 136 브리오슈 138 페이스트리식빵 140
블란서빵 142 더치빵 144 데니시페이스트리 146

Confectionery & BAKING

Part 01

이론편

I. 제과·제빵재료학

II. 제과이론

III. 제빵이론

IV. 영양학

V. 식품위생학

I. 제과·제빵 재료

1. 밀가루 (Wheat flour)

밀가루는 빵의 구조 또는 뼈대를 형성한다.

밀가루는 물에 불용성인 글리아딘과 글루테닌이라는 단백질을 함유하고 있으며, 이들 단백질을 물과 함께 혼합하면 가스 보유력을 갖고 팽창할 수 있는 글루텐(gluten)이라는 단백질을 형성한다.

밀의 종류에 따라 경질밀, 연질밀로 나누며 밀가루는 부피, 겉껍질 색상, 내부색상, 기공상태, 조직 및 맛 등의 빵의 특성을 부분적으로 결정하는 역할을 한다.

밀가루는 제과제빵에서 가장 중요하고 기본적인 원료로서, 단백질의 품질은 글루텐이 팽창되는 정도와 가스 보유 능력에 좌우된다.

1) 강력분

봄에 파종한다하여 Spring red hard wheat(경춘밀,경질밀)이라고 하며, 밀알의 색은 적색을 띠고 밀알이 단단하다. 물을 더해 반죽했을 때 글루텐의 양이 많이 생기고, 탄성이 큰 반죽을 만들어, 주로 빵과 페스츄리 등을 만드는데 이용된다.

단백질이 11~13%나 들어있어 밀가루 중에 영양가가 가장 높으며, 주로 이스트 발효를 하며 손으로 쥐었다가 펴면 형태가 부스러지는 특징이 있다. 전분 입자가 크고 거친 가루이기 때문에 다른 반죽을 밀어 펴거나, 성형할때 덧가루로 사용되며, 크림색을 띤다.

2) 중력분

중력분은 경질밀(강력분)과 연질밀(박력분)을 2:3비율로 혼합하여 분쇄한 것이고, 질이 좋아 다목적으로 사용된다. 단백질 함량이 9~10%로 국수, 라면 등의 면류와 각종 도우넛, 파이류 등에 사용되며 손으로 쥐었다가 펴면 형태가 남아있는 특징이 있다.

3) 박력분

겨울에 파종한다하여 Winter white soft wheat(연동밀/연질밀)이라고 하며, 밀을 제분할 때 배두유의 순도, 입도를 조절한 밀가루이다. 찰기가 적은 밀가루로 단백질 함량이 7~9%정도로 가장 낮으며, 이스트 발효제품보다는 베이킹파우더를 이용한 제품에 주로 사용한다. 대체로 지방과 달걀이 많이 들어가는 케이크나 쿠키, 비스킷 등에 많이 이용되며, 손으로 쥐었다가 펴면 형태가 그대로 남아있는 특징이 있다.

2. 기타가루(Miscellaneous flours)

1) 활성글루텐(Vital wheat gluten)

활성글루텐은 밀의 단백질로서 단백질을 보강할 목적으로 사용된다.

예를들면, 밀가루 이외의 곡물을 첨가했을 경우 상대적으로 반죽 배합 중에 글루텐 함량이 적어지므로 반죽의 가스 보유력이 떨어지게 된다.

이때 활성글루텐을 첨가하여 혼합과 발효내성을 증가시켜주어, 단백질의 증가에 따른 제품의 부피 증가 및 빵의 옆면이 곧 바르게 유지되도록 한다.

2) 호밀가루(Rye flour)

호밀은 곡류 중에서 밀 이외에 글루텐을 형성하는 단백질을 가진 유일한 곡류이다.

글루텐 형성 단백질인 프롤라민과 글루테닌으로 구성되어 있으므로 글루텐 형성 능력이 밀가루에 비해 떨어지므로 이를 보완하기 위해 밀가루를 혼합하여 사용하기도 한다.

3) 보릿가루(Barley flour)

보리의 단백질은 글루테닌과 호르데인(hordein)으로 이루어졌으며, 필수아미노산 중에서 라이신(lysine), 트레오닌(threonine), 티로신(tyrosine)의 함량이 부족하며, 글루텐 함량이 낮아 보릿 가루 자체만으로 빵을 제조하는데 한계가 있으므로 밀가루에 소량 첨가하여 가공하는 것이 바람직하다.

4) 옥수수가루(Corn flour)

주된 단백질은 제인(zein)으로 라이신(lysine)과 트립토판(tryptophan)이 거의 함유되지 않은 불완전 단백질이지만 다른 곡류와 혼식하면 좋다.

5) 대두가루(Soya flour)

대두는 단백질 40%, 지방 20%를 함유한 영양학적 가치가 높으며, 단백질은 글로불린과 알부민이 주성분이다.

지방은 필수 지방산이 리놀레산(linoleic acid)이 다량 함유되어 있어 식용유로 가공한다.

6) 귀리(Oat flour)

당질의 함량이 55.5% 함유되어 있으며, 단백질과 지방질을 비롯하여 비타민B군도 풍부하여 독특한 맛이 있고 소화율도 높다. 제분한 가루를 죽에 사용하거나 고열 증기로 가열하여 후레이크로 만들어 식사용으로 사용한다.

3. 물(Water)

반죽되기 조절, 식감조절, 증기압 형성 등의 기능을 하며. 건조재료를 수화, 반죽의 온도를 조절해주는 역할과 굽기과정중 전분의 호화(gelatinization)에 중요한 역할을 한다. 밀가루의 중요한 두 단백질인 글루테닌과 글리아딘과 결합하여 글루텐을 형성시키며 제품의 품질에도 영향을 미친다.

4. 소금(Salt)

소금은 제품에 풍미를 부여하는 역할을 한다. 당이 많은 경우에는 감미를 낮추어주고, 당이 적은 경우에는 감미를 높여 감미를 조절해 주는 역할을 한다. 또한 캐러멜 반응이 시작되는 온도를 낮추어 주어 같은 온도에서 같은 시간 동안 구워도 껍질색이 갈색이 들게 한다.

소금은 이스트의 발효력을 억제하며, 글루텐을 강화시키고, 잡균번식을 억제한다.

소금의 첨가량이 1.5%미만인 경우에는 맛이 느껴지지 않으며, 2%이상을 사용하면 발효속도를 저해하는 경향이 있다. 소금은 또한 혼합하는 동안에 글루텐에 작용하여 글루텐을 단단하게 하여 반죽시간을 증가시키는 효과를 가지고 있다. 따라서 혼합 초기에 소금의 첨가를 하지 않고 글루텐이 형성된 후에 소금을 첨가하게 되면 반죽 시간을 줄일수 있다.

5. 이스트(Yeast)

이스트는 이산화탄소(CO_2)가스를 생성하여 반죽을 팽창시키는 역할을 한다.

학명은 Saccharomyses Cerevisiae이며 생식방법은 출아법(보편적인 증식방법), 포자형성, 유성생식이다.

1) 생이스트(Fresh yeast, compressed yeast)

일반적으로 압착효모라하며 70~75%의 수분을 함유하고 있으며 보존성이 낮기 때문에 0~3°C의 냉장고에서 보관하면 약 4주 정도는 활성을 유지할 수 있다.

이스트 세포는 63°C, 포자는 69°C에서 사멸하며, 30~38°C, pH4.5~4.9에서 최대로 활성되며, 7°C이하에서 휴지 상태가 된다.

2) 건조 이스트(Active dry yeast)

반죽에 첨가하기 전 반드시 수화를 시켜야 활성을 극대화할 수 있으므로 40~43°C의 물에 용해하여 사용하는 것이 바람직하다.

건조이스트는 생이스트에 비해 혼합시간을 단축시키며 빵의 색상이 개선되고 풍미가 개선되기 때문에 고급 빵류 및 하드롤 등에 많이 이용된다.

3) 인스턴트 이스트(Instant yeast)

인스턴트 이스트는 활성 건조 이스트의 일종이며, 다시 수화하는 번거로움과 활성 감소를 줄이기 위해 개발된 제품으로 물에 녹여 사용할 필요가 없다.

6. 제빵 개량제(Dough improver)

1) 제빵 개량제

빵의 품질과 기계성을 증가 시킬 목적으로 첨가하는 것으로 산화제, 환원제, 반죽 강화제 및 노화 지연제, 효소등이 있는데 이는 제품의 빵 맛을 개선하고, 맛있게 보이는 촉촉한 속결을 제공, 완제품의 좋은 껍질 색상과 바삭바삭한 껍질형성, 제품에 좋은 향기 성분과 부피를 개선한다.

7. 설탕(Sugar)

1) 제빵 제품에서의 기능
- 발효과정 중 이스트의 먹이로 첨가
- 이스트에 의해 발효되지 않고 남은 당은 캐러멜반응 또는 마이얄 반응으로 껍질색을 진하게 한다.
- 제품의 속결과 기공을 부드럽게 하며 보습과 수분보유로 노화지연의 기능을 한다.

2) 제과 제품에서의 기능
- 감미제로서 단맛제공
- 보습효과로 노화를 지연시키고 신선도를 유지
- 쿠키의 경우 퍼짐성에 영향을 준다.

8. 계란(Egg)

1) 결합제 기능
계란 단백질은 가열하면 응고되어 결합제의 역할을 하는데 대표적인 예가 커스터드 크림이다.

2) 팽창작용
단백질이 피막을 형성하여 믹싱중에 다른 재료에 비하여 5~6배의 공기를 포집하고 이 미세한 공기는 굽기 중에 열 팽창하여 케이크 제품의 부피를 크게 하는데 대표적으로 스펀지 케이크가 있다.

3) 유화쇼트닝 효과
노른자의 지방은 제품을 부드럽게 하며 노른자의 레시틴은 인지질로서 유화제의 역할을 한다.

4) 색
노른자에 들어 있는 황색 색소물질은 제품의 속색을 식욕이 나는 색상으로 만든다.

5) 영양가
건강 생활을 유지하고 성장을 하는데 필요한 단백질, 지방, 무기질을 골고루 함유한 완전식품이다.

9. 우유(Milk)

수분이 88%내외이며 유지방이 3%이상이며 무지고형분이 8%이상을 기준으로 하고 있다. 우유의 주된 단백질은 카제인으로 열에는 응고하지 않고 산과 효소 렌닌에 의해 응유되어 치즈 제조에 이용된다. 구성재료, 껍질색, 향, 수분보유제(유당)의 기능이 있으며 시유, 탈지우유, 전지분유, 탈지 분유 등이 있다.

10. 유지제품(Dairy product)

1) 쇼트닝

제품을 바삭바삭하게 하고 부드럽게 만들며 무색무취이므로 제품의 다른 특성들을 살리기 위해 많이 사용되며, 초기에는 순수하게 동물지방에서 얻은 라드와 식물지방분이 혼합된 것을 만들어 사용했다.

기본적으로는 고체상태와 액체상태의 유지로만 쇼트닝을 만들기도 하며, 그 원료로는 대두유, 면실유, 옥배유, 야자유 등 여러 가지가 사용된다. 일반적으로 쇼트닝은 크림성이 좋아서 아이싱용의 크림을 만들 경우 좋은 유지이나, 이러한 성질은 유지의 포화상태나 불포화 상태, 쇼트닝의 입자크기, 사용되는 쇼트닝의 온도, 그리고 첨가되는 설탕의 입자크기 등에 따라서 달라질 수 있다.

2) 버터

독특한 향을 가지고 있으며, 약 80%의 버터지방과 세균번식을 막기 위한 2,5~3%의 소금 약 15%의 수분이 함유되어 있다. 쇼트닝과 비교해서 비교적 낮은 융점을 가지고 있기 때문에 보관과 사용에 주의를 요하며, 최적 사용온도는 18~21°C정도이다. 버터는 최고의 향을 가지고 있지만, 크림성이 작은 단점이 있다. 따라서 케이크에 사용하는 아이싱크림을 만들 때에는 순순하게 버터만의 크림은 좋지 않으며, 쇼트닝이나 마가린과 혼합하여 사용하여야 한다. 무염버터라 할지라도 변질을 막기 위해 1~3%의 소금이 들어가 있다.

3) 마가린

1869년에 프랑스화학자인 Hippolyte-Mouries에 의해 버터의 대용품으로 개발되었다. 버터와 비교하여 가격이 낮으면서도 다양한 상품들이 개발되어 오늘날에는 거의 버터와 구별할 수 없는 제품들도 판매되고 있다. 특히 비타민A의 첨가는 마가린의 영양학적 가치를 높여 주기도 하였다. 마가린은 동물성이나 식물성 유지로부터 만들어지고 버터와 비교하여 가소성이 좋으며, 중요한 구성성분은 버터와 마찬가지로 80%의 지방으로 이루어져있다. 가정용 마가린은 버터의 입속에서 빨리 녹는 감촉에 의해서 특성이 이루어지며, 대체로 크림성이 좋지 않다. 반면 데니쉬 용의 파이 마가린 종류에는 반죽에 있는 유지층 속의 수분 팽창으로 인해서 제품이 완성되므로 융점이 높다. 또한 유지함량 40%의 저칼로리 마가린과 50~60%함량의 스프레드 형태도 만들어져 저칼로리 제품에 이용하기도 한다.

4) 기능성

(1) 쇼트닝성(Shortening ability)

제품을 부드럽게하는 성질이며 믹싱중 유지가 얇은 막을 형성하여 제품이 전분과 단백질에 의해 단단하게 되는 것을 방지

(2) 안정성(Stability)

쿠키와 같이 저장성이 큰 제품을 사용할 때 유지를 산화시키거나 분해시키는 성질에대해서 저항하는 성질로 저장성이 향상

(3) 크림성(Creaming ability)
믹싱할 때 공기를 포집하여 크림이 되는 기능으로 쿠키나 케이크를 만드는데 있어 중요한 성질.

(4) 가소성(Plasticity)
고체지방성분의 변화에도 단단한 외형을 갖추는 성질. 고온에서도 고체 모양을 유지하지만 저온에서도 너무 단단하지 않게 조절.

(5) 신장성(expansible)
파이 제조 시 반죽 사이에서 밀어 펴지는 성질

11. 화학 팽창제(Leavening agent)
팽창제는 빵을 비롯한 밀가루 제품에서 적당한 형태를 갖추기 위해 반드시 첨가되는 첨가물로서 밀가루를 반죽할 때 망상 구조를 한 글루텐이 형성되며, 이 망상 구조 간격에 탄산가스가 들어가서 가스와 함께 반죽이 팽창하여 특유의 스펀지 상의 부드러운 조직을 형성하게 된다.

1) 베이킹파우더

(1) B.P의 구성
- 탄산수소나트륨 : CO_2 발생 속도 조절
- 산작용제 : CO_2 발생 속도 조절
- 부형제(전분) : 중조와 산을 격리, 취급과 계량 용이
- 규격 : B.P무게의 12% 이상 유효 CO_2가 발생해야 한다.

(2) 작용 속도에 의한 분류(빠른 순서에 의한 열거)
① 주석산
② 산성 인산칼슘
③ 피로인산칼슘, 피로인산소다
④ 인산알루미늄소다
⑤ 황산알루미늄소다

(3) 중화가
산 100g을 중화시키는 데 필요한 탄산수소나트륨의 양이며, 산에 대한 탄산수소나트륨의 비율로 나타낸다.

2) 기타 팽창제

(1) 암모늄계열
밀가루 단백질을 연하게 하는 효과가 있다. 탄산수소암모늄, 염화암모늄 등이 여기에 속한다. 이들이

열을 받아 암모니아 가스를 발생시켜 반죽을 부풀린다.
- 장점
    - 산 재료가 없어도 물만 있으면 단독으로 작용한다는 점
    - 쿠키에 사용하면 퍼짐이 좋아진다는 점
    - 밀가루 단백질을 부드럽게 하는 효과가 있다는 점
    - 굽기중 3가지 가스로 분해되어 잔류물이 없다는 점 등이다.

(2) 탄산수소나트륨

단독 또는 베이킹 파우도 형태로 사용하며 분자식은 $NaHCO_3$ 이며, 무색의 결정성분말 이다. 과도하게 사용하면 빵 속색이 노랗게 되며, 소다맛, 비누맛이 난다.

(3) 기타 팽창제

이스트파우더(yeast powder)와 주석산칼륨이 대표적이다. 이스트파우더는 암모니아계 합성 팽창제로 염화암모늄, 탄산수소나트륨, 주석산수소칼륨, 소명반, 전분 등이 혼합되어 만들어진 것이다.

12. 안정제 (Hydrophilic materials)

안정제는 혼합물 중에 있는 액체의 점도를 증가시켜 변성전분이나 알파전분 또는 안정제등을 반죽에 사용하면 반죽의 특성과 최종제품의 품질을 향상 시킬 수 있다. 식품을 가공하는 동안에 내용물의 침전 방지, 끈적거림, 제품의 표면이 갈라지거나 쉽게 마르는 것을 방지하고 포장성을 개선하기 위하여 사용하는 첨가물이며 증점제 또는 겔화제로 불린다.

1) 한천

우뭇가사리로부터 뜨거운 물로 추출하여 건조시킨 안정제이다. 끓는 물에만 용해되며 냉각하면 단단하게 굳는 성질이 있으며 물에 대하여 1~1.5%정도를 사용한다.

2) 젤라틴

동물의 껍질이나 뼈에서 추출되는 단백질로서 무미, 무취, 연한색을 띠며 50°C의 따뜻한 물에서 용해된다. 냉각시 1%농도에서 강한 겔을 형성하고 완전히 용해되지 않거나 많은 양을 사용하면 각각 검은 반점을 생성하거나 고무와 같이 질겨지는 경향이 있다.

3) 펙틴

과일과 식물의 조직속에 존재하는 일종의 다당류로서 상업적으로는 감귤껍질이나 사과에서 추출한다. 펙틴이 물이 녹으면 진한 용액이 되지만 펙틴 1~1.5%, 당농도 60~65%, 산 0.3%의 조건에서 젤리를 형성한다.

4) C.M.C

셀룰로오스로부터 만든 제품으로 찬물에 쉽게 용해되어 농후용액을 형성하여 진한용액이 되지만 산에 대한 저항력이 약하다.

13. 향신료 (Spices)

식물의 씨앗이나 열매, 꽃, 잎, 뿌리 껍질 등이 사용되며 그 종류는 매우 많다.
향신료는 풍미를 개선시키고 항균성 및 산화방지 효과를 위하여 사용된다.

1) 계피

녹나무과의 상록수 껍질을 벗겨 만든 향신료로서 그냥 물에 삶아 우려낸 물을 사용하거나 분말로 만들어 사용하기도 하는 제과, 제빵에서는 케이크, 쿠키, 초콜릿, 크림과자, 파이 등에 다양하게 쓰인다.

2) 캐러웨이 씨

갈색이며 반달모양의 종자로 쿠민, 아니스와 비슷한 방향을 가지고 있어 호밀빵, 사우어 크래프트, 캔디등이 사용.

3) 넛메그

과육을 3~6주 일광으로 건조시킨 것으로 대체로 제과에 많이 쓰이며 제빵에는 특유의 향을 내기 위해 종종 쓰인다. 애플파이, 밀크 푸딩, 수플레, 크림류, 도넛등에 사용된다.

4) 오레가노

자소과의 다년생 식물로 잎사귀를 그대로 혹은 가루로 하여 이용하며 피자, 파스타 등에 널리 사용된다.

5) 정향

복숭아과에 속하며 제과에서는 푸딩, 각종 빵, 초콜릿 케이크 등에 쓰인다.

Ⅱ. 제과이론

1. 과자의 분류

과자는 밀가루, 설탕, 유지, 계란 등을 주재료로 하여 만든 것으로 이스트 사용여부의 팽창형태, 설탕 배합량의 정도, 밀가루의 종류, 반죽의 상태, 가공방법별, 수분함량별, 지역특성등으로 빵과 구별된다.

1) 팽창 형태에 따른 분류

(1) 화학적 팽창

화학팽창제(베이킹파우더, 중조, 암모니아)의 팽창에 의해 팽창시키는 형태

> **예** 레이어케이크, 케이크도넛, 비스킷, 와플, 팬케이크, 과일케이크, 파운드 케이크 등

(2) 물리적 팽창

- **공기팽창** : 믹싱과정의 공기팽창에 의한 팽창형태

> **예** 스펀지케이크, 엔젤푸드케이크, 쉬폰케이크, 거품형쿠키, 머랭

- **수증기압 팽창** : 다른팽창 작용을 주지 않고 단지 수증기압을 이용하여 부풀리는 팽창형태

> **예** 파이껍질, 쿠키, 비스킷, 슈

(3) 발효팽창

이스트 발효에 의해 팽창

(4) 복합형팽창

위의 두 가지 이상의 팽창형태를 병용해서 부풀리는 방법이다.

2) 가공 형태에 따른 분류

(1) 케이크류

- **양과자류** : 반죽형, 거품형, 시폰형의 서구식 과자등이 있다.
- **생과자류** : 수분 함량이 높은 과자류로, 화과자의 상당수가 여기에 속한다.
- **페이스트리류** : 퍼프 페이스트리, 각종 파이 등이 있다.

(2) 데코레이션 케이크

기본 제품에 여러 가지 장식을 하여 맛과 시각적 효과를 높인 케이크이다.

(3) 공예과자

미적 효과를 살린 과자로 먹을 수 없는 재료의 사용이 가능하다.

(4) 초콜릿 과자
배합에 초콜릿을 사용한 제품과 샌드나 코팅을 한 제품이다.

3) 익히는 방법에 따른 분류
구운과자, 튀긴과자, 찜 과자, 냉과 등이 있다.

4) 지역적 특성에 따른 분류
한과, 양과, 화과자, 중화과자 등이 있다.

5) 수분함량에 따른 분류

(1) 생과자
일반적으로 수분함량이 30% 이상인 과자를 지칭한다.

(2) 건과자
일반적으로 수분함량이 5% 이하인 과자를 지칭한다.

2. 반죽의 분류

1) 반죽형(Batter Type)
유지량이 많은 제품으로 화학팽창제 및 휘핑시 공기의 도움으로 부피를 형성

(1) 크림법(Creaming Method)
부피 큰 케이크를 얻고자 할 때 사용.
- **방법**: 유지와 설탕을 혼합하여 크림상태로 만들면서 계란을 서서히 투입하는 방법이다.

  예 레이어 케이크, 초콜릿 케이크, 파운드 케이크, 쇼트 브레드 쿠키 등

(2) 블렌딩법(Blending Method)
제품이 부드럽고 유연하다. 유지에 의해 밀가루가 피복됨
- **방법**: ① 유지(쇼트닝, 버터, 마가린, 초콜릿)를 넣고 거품기로 혼합 후 밀가루를 넣어 유지가 밀가루를 감싸도록 믹싱한다.

  ② 건조재료와 액체재료 일부를 넣고 믹싱 후 액체재료와 향을 넣고 믹싱한다.

  예 데블스푸드케이크, 사과파이

(3) 1단계법(Single stage method, All in mixing method)
- 모든 재료를 넣고 한번에 반죽하여 노동력과 제조시간이 절약된다.
- 기계성능이 좋아야 하고 유화제, 기포제가 많이 첨가된다.

(4) 설탕/물 반죽법(Sugar/Water method)

- 설탕과 물로 시럽을 만들어 사용하는 방법이다.
- 제품의 규격이 일정하고, 평량이 용이하며, 유화가 쉽고 껍질색이 좋게된다.
- 주로 대규모 생산회사에 적합하며 최초 시설비가 많이든다.
- **방법**: 설탕과 물을 2:1로 넣고 액당을 제조한 후 건조재료, 계란을 넣고 반죽을 만든다.

(5) 연속식 반죽법(Continuous mixing method)

대량 생산 공장에서 사용하는 방법이며 많은 양의 반죽을 믹서 → 반죽탱크 → 반죽분할기 등으로 연속 생산하는 방법

2) 거품형(Form type)

계란 단백질의 기포성과 유화성, 그리고 열에 대한 응고성(변성)을 이용한 반죽이다.

(1) 공립법

전란을 풀어준뒤 설탕을 넣고 거품을 내는 방법.

> **예** 스펀지 케이크, 롤 케이크

- **더운 믹싱법**: 계란과 설탕을 중탕하여 43~60°C~까지 데운 후 거품을 내는 방법이며 주로 고율 배합에 사용된다.
- **찬 믹싱법**: 중탕하지 않고 계란과 설탕을 거품내는 방법이며 저율 배합에 적합하다.

(2) 별립법

흰자와 노른자를 분리하여 설탕과 거품을 낸 후 다른 재료와 섞어주는 방법이다.

> **예** 머랭, 엔젤푸드케이크

(3) 단단계법(1단계법)(Single stage method)

유화제를 첨가하여 전 재료를 동시에 넣고 반죽한다.

3) 시퐁형(Chiffon type)

흰자와 노른자를 분리하되, 흰자만 거품을 내어 섞어주는 방법(팽창제를 넣어 부피에 도움을 준다).

> **예** 시퐁 케이크

3. 제과공정

기본제조공정

반죽법 및 배합비 결정 → 재료계량 → 반죽만들기 → 정형팬닝 → 굽기 또는 튀기기 → 포장

1) 반죽법 및 배합비 결정

(1) 제법 결정
크림법, 블랜딩 법, 설탕물법, 기타제법 등 반죽의 제법을 결정한다.

(2) 배합표 작성
배합표를 작성한다(고율배합 or 저율배합)

(3) 고율배합(High ratio)과 저율배합(Low ratio)의 비교
* 배합비교

고합 배합(고율 배합)	저합 배합(저율 배합)
설탕 ≥ 밀가루	설탕 ≤ 밀가루
전체 액체 = 계란 + 우유	전체 액체 = 계란 + 우유
전체 액체 > 설탕	전체 액체 = 설탕
계란 ≥ 쇼트닝	계란 ≥ 쇼트닝

* 공정비교

현상	고율배합	저율배합
믹싱 중 공기 혼입 정도	많다	적다
반죽의 비중	낮다	높다
화학 팽창제 사용량	줄인다	늘린다
굽기온도	낮다	높다

2) 재료계량

배합표에 의하여 저울을 이용하여 정확히 계량한다.

① 베이킹파우더, 팽창제 등 계량에 유의
② 버터 등 유지류는 사용 전에 충분히 유연성 확보 후 사용
③ 계란 껍질 등이 반죽에 혼입되지 않도록 유의
④ 계량 후 남은 재료의 관리 철저

3) 반죽만들기

(1) 배합량
베이커 백분율(Baker's%)로 표시한 배합률과 밀가루 사용량을 알면 나머지 재료의 무게를 구할 수 있다.

(2) 온도조절
과자의 특성을 제대로 반영할 수 있는 반죽을 만들려면 반죽의 온도를 일정하게 맞춰야 한다. 반죽온도는 반죽물의 온도를 맞춘다.

- 마찰계수
  결과반죽온도 × 6 − (밀가루온도 + 계란온도 + 설탕온도 + 유지온도 + 실내온도 + 수돗물온도)
- 사용수 온도
  희망온도 × 6 − (밀가루온도 + 계란온도 + 설탕온도 + 유지온도 + 실내온도 + 마찰계수)
- 얼음 사용량
  온도 = 물사용량 × (수돗물온도 − 사용수온도)/80 + 수돗물온도

(3) 비중(Specific gravity)

같은 부피의 물 무게에 대한 반죽의 무게를 숫자로 나타낸다. 수치가 적을수록 비중이 낮다는 것을 나타내고, 반죽 속에 많은 공기를 함유하고 있다는 것이다.

> 비중 = 같은 부피의 반죽 무게/같은 부피의 물 무게

* 제품별 최적 비중

분류	최적 비중	제품명
반죽형	0.80~0.85	옐로우레이어 케이크, 화이트레이어 케이크, 초코릿 케이크, 데블스푸드 케이크, 파운드 케이크
거품형	0.50~0.60 0.40~0.50	버터스폰지 케이크 롤 케이크, 시폰 케이크

4) 정형&팬닝

과자의 모양을 만드는 방법은 짜내기, 찍어내기, 접어밀기, 팬닝 등 여러 가지가 있다.

(1) 짜내기

반죽을 짤 주머니에 채워 넣고 일정한 크기로 철판에 짜놓은 방식. 짤주머니에 사용하는 모양깍지 크기와 형태에 따라 여러 가지 모양이 나온다.

(2) 찍어내기

반죽을 형틀로 찍어 눌러 모양을 뜨는 방법으로 원하는 모양과 크기에 알맞은 크기로 반죽을 밀어 편 뒤 형틀을 대고 누른다.

(3) 접어밀기

밀가루 반죽에 유지를 넣어 감싼 뒤 밀어 펴고 접는 일을 되풀이하는 방법

(4) 팬닝

여러가지 모양을 갖춘 틀에 반죽을 채워 넣고 구워 형태를 만드는 방법. 과자 반죽은 적정한 비중과 상태가 제품마다 다르기 때문에 틀 용적에 대한 반죽량도 다르게 된다. 따라서 좋은 모양을 유지하기 위

해서는 적정량의 반죽을 담는 조치가 필요하다.

 틀부피 계산법

- 곧은 옆면을 가진 원형 팬
    팬의 부피 = 밑넓이 × 높이
              = 반지름 × 반지름 × 3.14 × 높이
- 옆면이 경사진 원형 팬
    팬의 부피 = 평균 반지름 × 평균 반지름 × 3.14 × 높이
- 옆면이 경사지고 중앙에 경사진 관이 있는 원형 팬
    팬의 부피 = 바깥 팬 부피 − 안쪽 관 부피
- 경사면을 가진 사각 팬
    팬의 부피 = 평균 가로 × 평균 세로 × 높이
- 정확한 치수를 측정하기 어려운 팬
    유채씨나 물을 담은 후 메스실린더로 부피를 구한다.

반죽무게 = 팬의부피 ÷ 비용적

6) 굽기 또는 튀기기

(1) 굽기

굽기 온도가 부정확하여 생기는 현상

- 오버 베이킹(Over baking)
  너무 낮은 온도에서 오래 구워 윗면이 평평하고 조직이 부드러우나 수분의 손실이 크다.
- 언더 베이킹(Under baking)
  너무 높은 온도에서 짧게 구워 설익고 중심 부분이 갈라지고 조직이 거칠며 주저앉기 쉽다.

(2) 튀기기

튀김 기름의 온도 범위는 170~200°C이다.

7) 포장

(1) 포장기를 사용할 때 주의할점

① 포장지의 길이를 알맞게 맞춘다.
② 히터 크랭크와 공급 체인 크랭크를 조절한다.
③ 높이와 각도를 조절한다
④ 전·후진 장치를 조절한다.

4. 결함사항과 그 원인들

최종 제품의 상태	원인
기공의 조밀	과다한 액체량 전화당시럽, 물엿 과다사용 팽창 불량 고온에서 베이킹
케이크 반죽의 분리	반죽의 낮은 품온 계란의 일시 투입 불량계란 사용(유화력 감소)
기공의 열림, 거친 조직	과도한 팽창제 사용 저온에서 베이킹 과다한 크림화
도넛의 과다 흡유	과다 설탕함량 낮은 튀김온도 믹싱 부족 베이킹파우더 과다사용
부피가 적은 스펀지 케이크	고온에서 베이킹 급속냉각 녹인버터를 투입 후 과다 믹싱
과일 침하	중조 과다사용 단백지 함량 적은 밀가루 사용 과일시럽이 과일에 잔류한 경우
슈 바닥껍질의 가운데 상승	아랫불 온도 강함 팬에 기름칠 굽기과정 중 수분손실 과다

III. 제빵이론

1. 빵의 분류

1) 빵의 개요

빵은 밀가루, 물, 이스트, 소금을 주재료로 하고 제품에 따라 부재료로 유제품, 당류, 계란, 유지 등을 첨가하여 반죽한 뒤 발효시켜 구운 것으로서 재료와 굽는 방법 또는 첨가물 등에 따라 다음과 같이 분류할 수 있다.

(1) 식빵류

일반식빵, 옥수수식빵, 우유식빵, 건포도식빵, 밤 식빵, 전밀빵, 호밀빵이 있으며, 윗면이 평평한 풀먼 식빵이 있다.

(2) 과자빵류

단팥빵, 소보로빵, 크림빵, 스위트롤, 데니시 페이스트리가 있다

(3) 조리빵류

샌드위치, 햄버거, 피자, 포켓 브레드, 핫도그, 번등이 있다

(4) 특수빵류

베이글, 중국찐빵, 특별한 재료를 넣고 만든 빵 등이 있다.

2) 팽창제 사용에 따른 분류

(1) 발효빵

이스트를 사용하여 발효시켜 제조한 대부분의 빵.

(2) 무발효빵

이스트를 사용하지 않고 제조한 빵

3) 틀 사용에 따른 분류

- **형틀** : 틀이나 철판을 사용해 구운 제품
- **하스 브레드** : 형틀을 사용하지 않고 오븐에 직접 닿게 하여 구운 제품
- **세미 브레드** : 1)과 2)의 중간 형태의 빵

4) 가열 형태에 따른 분류

- 오븐에 구운 빵
- 기름에 튀긴 빵
- 스팀에 찐 빵

2. 제빵반죽의 분류

제빵법은 빵의 반죽을 말하며, 제조 장소의 시설이나 면적, 제조 규모에 따라 다양한 방법이 사용된다.

1) 직접 반죽법(Straight Dough Method)

스트레이트법이라고도 하며 모든 재료를 믹서에 넣고 한번에 믹싱을 하는 방법이다.

전 재료를 믹서에 한번에 넣고 유지는 모든 건조재료와 수분을 섞어 수화된 후 넣는다.

(1) 장점

- 공정 시간의 감소
- 노동력, 전력 및 설비의 감소
- 발효손실의 감소
- 풍미가 좋다.
- 수분흡수가 좋다.
- 식감이 좋다.

(2) 단점

- 발효에 대한 내구성이 없다.
- 노화가 빠르다.
- 1회 반죽으로 인하여 반죽을 잘못했을 때 해결방법이 없다.

2) 스펀지법(Sponge dough method(중종법))

믹싱 공정을 두 번으로 나누어서 하는 것으로 중종법이라고도 한다.

처음 반죽을 스펀지(sponge)또는 중종이라고 하며 나중의 반죽을 도우(dough)라고 한다.

(1) 장점

- 발효에 대한 내구력이 좋다.
- 저장성이 증가된다.
- 발효향이 증가된다.
- 오븐에서 착색이 좋다
- 부피가 증가된다.
- 빵의 조직과 속결이 좋다.
- 이스트 사용량의 감소

(2) 단점

- 믹싱 내구력이 약하다.
- 인력이 증가된다.
- 기계설비가 증가된다.
- 발효 손실이 증가된다.

> **공정순서**
>
> 재료계량 → 스펀지 만들기 → 스펀지 발효 → 본반죽 만들기 → 1차발효 → 분할 → 둥글리기 → 중간발효 → 성형 → 팬닝 → 2차발효 → 굽기 → 냉각 → 포장

3) 액종 발효법(Liquid fermentation)

스펀지법의 변형으로 스펀지 대신 액종을 만들어 사용하는 방법이다.

- 액종 : 이스트, 이스트푸드, 물, 설탕, 분유등을 섞어 2~3시간 발효시킨 것을 말한다.

(1) 장점

- 대량 발효로 발효 탱크와 펌프로 시설되어 발효실, 믹서통 등이 불필요하다.
- 스폰지에 비해 발효시간이 2시간으로 짧다.
- 하나의 액종을 대량 제조하여 많은 반죽을 할 수 있고 균일한 제품을 생산할수 있다.
- 재료와 발효에서의 손실을 줄인다.

(2) 단점

- 산화제가 증가하여 사용된다.
- 기계적 발전의 감소로 환원제의 필요성
- 연화제를 필요로 한다.

> **공정순서**
> 재료계량 → 액종 만들기 → 본반죽 만들기 → 플로어타임 → 분할 → 둥글리기 → 중간발효 → 정형 → 팬닝 → 굽기 → 냉각 → 포장

4) 연속식 제빵법(Continuous dough mixing system)

액체 발효법이 더 발단된 방법이며, 기계적 설비를 사용하여 적은 인원으로 많은 양의 빵을 만들 수 있는 제빵법이다.

(1) 장점

- 반죽기, 발효실, 분할기, 둥글리기 등의 설비가 생략되므로 설비의 감소를 가져온다.
- 일반 스폰지법으로 제조할 때보다 공간이 약 1/3로 감소된다.
- 일반 스폰지법보다 인력 역시 약1/3로 감소된다.
- 분할이 정확하고 발효손실이 작아 재료손실이 감소된다.

> **공정순서**
> 재료계량 → 액체발효기 → 열교환기 → 산화제용액기 → 쇼트닝 온도조절기 → 밀가루 급송장치 → 예비혼합기 반죽기 → 분할기 → 팬닝 → 2차발효 → 굽기 → 냉각 → 포장

5) 찰리우드법(Chorleywood dough Method)

영국의 찰리우드 지방에서 고안한 기계 반죽법이다.

초고속 반죽기를 이용하여 반죽함으로 화학적 발효에 따른 숙성을 대신한다.

> **공정순서**
> 반죽 → 1차발효(냉동) → 성형(냉동) → 해동 → 2차발효 → 굽기

6) 노타임 반죽(No time dough)

산화제와 환원제의 사용으로 발효 시간을 25%정도 단축시키며 발효에 의한 글루텐의 숙성을 산화제의 사용으로 대신함으로써 발효 시간을 단축한다.

7) 냉동 반죽법(Frozen dough method)

1차발효를 끝낸 반죽을 이스트가 살 수 있는 –18~25°C에 냉동시켰다가 해동하고 성형하여 반죽하는 방법이며, 보통 반죽보다 이스트를 2배가량 더 넣는다.

(1) 장점

- 소비자에게 신선한 빵 제공
- 운반이 쉬워진다.
- 야간작업 또는 휴일에 대책을 세울 수 있다.
- 다품종 소량생산이 가능해진다.

8) 오버 나이트 스펀지법(Overnight sponge)

밤새(12~24시간)발효시킨 스펀지를 이용하는 방법이며, 밤새 발효하여 효소의 작용이 천천히 진행되어 발효 손실이 최고로 크다.

(1) 장점

- 시간과 재료의 절약이 가능
- 강한 발효향을 지니므로 저배합 빵이 적합하다.
- 편리성이 있다.

9) 비상 반죽법(Emergency Dough Method)

기계고장이나 작업에 차질이 생길경우 등, 빵을 빨리 만들어야 할 경우.

(1) 비상 반죽시 조치사항(필수조치)

① 1차 발효시간을 단축한다 : 15~30분 이내
② 반죽시간을 증가시킴 : 20~25%
③ 발효속도 촉진 : 이스트 2배 사용
④ 반죽의 색깔과 되기 조절 : 설탕1%감소,
⑤ 반죽의 수분조절 : 가수량 1%증가
⑥ 발효속도증가 : 반죽온도 30~31°C

(2) 비상 반죽시 조치사항(선택조치)

① 소금 1.75%로 감소
② 분유 감소
③ 이스트푸드 증가
④ 식초 0.25~0.75% 사용

3. 빵의 공정

> **공정순서**
> 제빵법 결정 → 배합표작성 → 재료계량 → 원료의 전처리 → 반죽(믹싱)
> → 1차발효 → 분할 → 둥글리기 → 중간발효 → 성형 → 팬닝 → 2차발효
> → 굽기 → 냉각 → 포장

1) 제빵법 결정

빵의 제조량이나 가지고 있는 기계 설비, 노동력, 판매 형태, 소비자의 기호에 따라 가장 합리적인 제빵법을 선택한다.

(1) 배합표 작성

① 반죽온도 계산방법

㉠ 스트레이트법

- 마찰계수 = (반죽온도 × 3) − (밀가루온도 + 실내온도 + 수돗물 온도)
- 물 온도 = (희망 반죽온도 × 3) − (밀가루 온도 + 실내온도 + 마찰계수)
- 얼음사용량 = 물의 사용량 × (수돗물온도 − 계산된 물온도) / (80 + 수돗물온도)

㉡ 스펀지 도우법

- 마찰계수 = (반죽결과온도 × 4) − (밀가루 온도 + 실내온도 + 수돗물 온도 + 스펀지반죽온도)
- 물의 온도 = (희망 반죽온도 × 4) − (밀가루 온도 + 실내온도 + 마찰계수 + 스펀지반죽온도)

2) 재료계량

제빵에 있어서 재료 계량은 제품을 잘 만들기 위한 가장 중요한 순서이다.

재료 계량은 작성된 배합표에 따라 재료를 정확히 측정하여 정해진 만큼만 준비하며, 제빵작업의 첫 단계로 배합비율에 따라 무게를 환산하여 저울에 달아 준비하는 과정으로 보통 평량 이라고도 한다.

3) 원료의 전처리

① 가루 속의 이물질 제거(체질하기)

가루에 들어있는 이물질이나 덩어리를 제거하기 위함이다.

② 가공기혼입
　　이스트가 호흡하는 데 필요한 공기를 혼입하여 발효를 촉진시킨다.
③ 두가지 이상의 가루재료가 골고루 섞이도록 하기 위해서이다.

4) 반죽(Mixing)

반죽은 밀가루와 물, 기타재료를 결합시킴으로써 강한 글루텐을 만들어 지방과 더불어 이스트가 생산하는 탄산가스를 조금이라도 유효하게 보호하는 막을 형성하는데 있다.

(1) 반죽의 단계

① 1단계(픽업단계: Pick up stage)
　㉠ 밀가루와 원 재료에 물을 첨가하여 대충 혼합하는 단계이다
　㉡ 반죽의 끈기가 없이 끈적거리는 상태이다
　㉢ 믹서는 저속으로 사용한다.

② 2단계(클린업 단계: Clean up stage)
　㉠ 글루텐이 형성되기 시작하는 단계: 유지투입하는 시기이다.
　㉡ 글루텐의 결합은 적고 반죽은 펼쳐도 두꺼운 채로 끊어진다.

③ 3단계(발전 단계: Development stage)
　㉠ 글루텐의 형성이 이루어짐에 따라 반죽은 약간 건조하게 되며 반죽의 탄력성이 가장 좋은 단계이다.

④ 4단계(최종 단계: Final stage)
　㉠ 글루텐이 결합하는 마지막 단계로 신장성이 가장크다.
　㉡ 반죽을 펼치면 얇고 매끄럽게 펴져 건조되어 있다.

⑤ 5단계(렛 다운-늘어지는 단계: Let down stage)
　㉠ 최종 단계 이후 반죽은 탄력을 잃어 길게 늘어지고 점착성이 나타난다.
　㉡ 오버믹싱, 과반죽이라고 한다.

⑥ 6단계(파괴단계: Break down stage)
　㉠ 반죽이 푸석거리고 완전히 탄력을 잃어 빵을 만들 수 없는 단계를 말한다.
　㉡ 이 반죽을 구우면 팽창이 일지 않고 제품이 거칠게 나온다.

(2) 반죽의 종류

① 반죽 부족(Under mixing)
- 반죽이 다 되지 않은 상태를 말한다.
- 작업성이 떨어져 볼륨감이 작고 모서리가 예리하며 껍질의 막도 두껍다.

② 과반죽(Over mixing)
- 반죽을 지나치게 하여 반죽의 저항력이 떨어져 끈적임이 생기고 작업성도 떨어진다.
- 약간의 오버 믹싱은 플로어 타임을 늘려 줌으로써 회복이 가능한 경우도 있다.

5) 1차발효(Fermentation)

(1) 발효의 3요소
팽창제(이스트), 기질(밀가루), 환경(수분등)

(2) 발효의 목적
① 반죽의 팽창작용 : 반죽을 변화시켜 가스 보존력을 좋게 해 반죽을 부풀린다.
② 반죽의 숙성 : 효소가 작용하여 반죽을 윤기 있게 하고 신정성이 있는 물성으로 변하게 한다. 반죽의 숙성, 신장성을 크게 하고 산화촉진으로 반죽을 최적의 숙성상태로 만들어 가스 보유력을 좋게하며 발효가 잘 된 반죽은 유연성이 증가하고 제품의 노화도 지연시킨다.
③ 빵 특유의 풍미생성 : 발효에 의해 생성하는 알코올, 아미노산, 유기산, 에스테르등을 축적하여 발효에 의한 독특한 맛과 향을 낸다.

(3) 발효 손실
발효를 거치기 전보다 발효한 뒤의 반죽 무게가 줄어드는 현상을 말한다.

(4) 발효실 조건
① 스트레이트법
온도 26~28°C(표준온도 27°C), 상대습도 75~80%

② 스펀지법
온도 23~26°C(표준온도 24°C), 상대습도 75~80%

6) 분할(Dividing)
1차발효를 끝낸 반죽을 미리 정한 무게 만큼씩 나누는 것을 말한다. 분할하는 과정에도 발효가 진행되므로 가능한 빠른 시간에 분할해야 한다.

7) 둥글리기(Rounding)
분할한 반죽을 손이나 전용 기계로 뭉쳐 둥글림으로써 반죽의 잘린 단면을 매끄럽게 마무리 하고 가스를 균일하게 조절한다.

8) 중간 발효(Intermediate proofing)
둥글리기가 끝난 반죽을 정형하기 전에 잠시 발효시키는 것으로 벤치타임(bench time)이라고도 한다. 젖은 헝겊이나 비닐 종이로 덮어둔다.

9) 정형(성형)(Molding)
중간 발효를 거친 반죽을 목적에 맞게 일정한 모양으로 만드는 공정을 말한다.

10) 팬닝(Panning)

정형이 완료된 반죽을 팬에 채우거나 나열하는 공정으로 팬 넣기라고도 한다.

① 반죽의 무게와 상태를 정하여 비용적에 맞추어 적당한 반죽량을 넣는다.

② 팬의 온도: 32°C가 적당하다.

③ 팬 기름 사용조건
  ㉠ 발연점이 210°C이상 되는 기름을 적정량 사용한다.
  ㉡ 산패에 강한 것이 좋다.

11) 2차발효(Final proofing)

성형 과정을 거치는 동안 불완전한 상태의 반죽을 발효실에 넣어 숙성시켜 좋은 외형과 식감의 제품을 얻기 위하여 제품 부피의 70~80%까지 부풀리는 작업으로 발효의 최종 단계이다.

12) 굽기(Baking)

굽는 동안 빵에서 발생하는 변화는 아래와 같다.

(1) 오븐스프링

본래 크기의 약 1/3가지 반죽부피가 갑작스럽게 팽창하는 것으로, 이는 반죽내부의 가스압의 증가, 알콜의 증발에 기인한다.

(2) 오븐라이스

반죽 내부온도가 60°C에 도달할때까지 이스트 활성은 커지게 되며 그로 인해 부피의 증가가 발생한다.

(3) 껍질의 갈색 변화

캐러멜화와 메일라드 반응에 의하여 껍질이 진하게 갈색으로 나타나는 현상을 말한다.

(4) 굽기의 종류

① 언더 베이킹(Under baking)
  높은 온도로 단시간에 구운 상태로 제품에 수분이 많고 설익어 가라앉기 쉽다.

② 오버 베이킹(Over baking)
  낮은 온도로 장시간 구운 상태로 제품에 수분이 적고 노화가 빠르다.

13) 냉각(Cooling)

① 갓 구워낸 빵을 식혀 포장할 수 있도록 상온의 온도로 낮추는 것을 말한다.
② 냉각온도 : 35~40°C
③ 수분 함유량 : 38%
④ 무게 손실 : 2%

14) 포장(Packing)

① 포장온도 : 35~40°C
② 높은 온도에서의 포장
　㉠ 포장지에 수분 과다로 곰팡이가 발생하고 형태 유지가 어렵다.
　㉡ 썰기가 어려워 형태가 변하기 쉽다.

4. 빵의 결함사항과 그 원인들

결점	원인
껍질색이 옅다	배합재료가 부족하였다. 반죽온도가 높아 반죽의 숙성정도가 지나쳤다. 발효시간이 길었다.
껍질이 두껍다.	설탕의 사용량이 부족하였다. 반죽이 되다. 박력분을 썼다. 유지사용량이 부족하였다.
껍질에 흰 반점이 생겼다.	반죽온도가 낮았다. 발효하는 동안 반죽이 식었다. 숙성이 덜된 반죽을 그대로 정형하였다. 2차발효 뒤에 찬공기를 오래 쐬었다.
풍미가 부족하다.	재료의 배합이 조화를 이루지 못하였다. 반죽온도가 낮았다. 2차발효실의 온도가 높았다. 과숙성 반죽을 썼다.
빵 속이 건조하다	설탕의 사용량이 부족하였다. 스펀지의 발효시간이길었다. 반죽이 되었다. 오븐의 온도가 낮아 오래 구웠다.
옆면에 주름이 잡힌다.	반죽이 질었다. 중간발효 시간이 짧았다. 오븐온도가 높아서 빨리 꺼냈다.
껍질 탄력성이 적다.	박력밀가루를 썼다. 유지의 사용량이 부족하였다. 반죽이 되었다. 2차 발시간이 길었다.
노화가 빠르다.	박력밀가루를 썼다 설탕유지의 사용량이 부족하였다. 물 사용량이 부족하였다. 오븐의 온도가 낮거나 높았다. 보관 중 빵이 바깥공기에 닿았다.

IV. 영양학

1. 영양소의 종류와 기능

1) 영양소
영양소란 체내에 섭취되어 생명 현상을 유지하기 위한 생리적 기능을 하는 식품속의 성분들로서 탄수화물, 지방, 단백질, 무기질, 비타민, 물 등이 있다.

(2) 탄수화물

① 탄수화물의 화학적 작용
- 구성 성분은 C.H.O 이다.
- 에너지 급원으로 1g에 4kcal를 낸다.
- 섭취하면 글리코겐으로 흡수되어 간, 근육에 저장된다.
- 감미(단맛)가 있다.

② 탄수화물의 종류

㉠ 단당류
- 포도당(Gluctose) – 영양상, 생리상 가장 중요한 당이다.
- 과당(Fructose) – 단맛이 가장 강하다(포도당의 2~3배)
- 갈락토오스(Galactose) – 포도당과 결합하여 유당을 이룬다.
- 만노오스(Mannose) – 포도당과 결합하여 곤약속에 존재한다.

㉡ 이당류
- 서당(자당, 설탕 Sucrose) – 포도당과 과당으로 구성되어 있다.
- 유당(젖당, Lactose) – 포도당과 갈락토오스로 구성되어 있고 유즙에만 존재한다.
- 맥아당(엿당, Maltase) – 포도당 2분자로 구성되어 있다.

㉢ 다당류
- 전분(Starch)
- 이눌린(Inulin)
- 섬유소(Cellulose)
- 펙틴(Pectin)
- 한천(Agow)
- 글리코겐(Glucogen)

(3) 지방(지질)
구성 성분은 C, H, O이다. 에너지 급원으로 1g에 9kcal의 열량을 낸다.

① 지방의 종류(구조상 분류)
   ㉠ 단순지방 : 지방산과 글리세린이 결합된 에스테르로서 지방 중 제일 양이 많다.
   ㉡ 복합지방 : 지방산과 알코올, 인, 당 등과 결합된 지방이다.
   ㉢ 유도지방 : 지방산과 스테롤 등으로 영양상 중요하다.

(4) 단백질

구성 성분은 C, H, O, N, 이며, 이 외에 P, Fe, Cu, I, Zn등의 유기 화합물이다.

1g당 4kal의 열량을 발생한다.

① 단백질의 분류(화학적 분류)
   ㉠ 단순 단백질 : 달걀(오브 알부민), 우유(락토 알부민), 쌀(오리제닌), 보리(홀리데인), 밀(글리아딘, 글루테닌), 혈액(혈청 알부민)
   ㉡ 복합 단백질 : 우유(카세인), 달걀(오브 비텔린), 세포의 핵, 곡물의 배아, 소화액(뮤신), 혈액(헤모글로빈), 점액(뮤코이드)
   ㉢ 유도 단백질 : 삶은 달걀(응고 단백질), 프로테오스나 펩톤(단백질 분해시 생긴 중간 생성분), 젤라틴, 파라카세인, 피브린

② 단백질의 기능
   ㉠ 근육, 피부, 머리카락 등 체조직을 구성한다.
   ㉡ 체내에서 에너지 공급이 부족하면 에너지 공급을 한다(1g당 4kcal 방출).

 참조

복합 단백질의 종류
- 핵 단백질 : 동물체의 흉선, 식물체의 배아
- 인 단백질 : 카세인, 비텔린
- 색소 단백질 : 헤모글로빈, 미오글로빈, 시토크롬, 클로로필
- 지 단백질 : 리포비텔린
- 당 단백질 : 뮤신, 뮤코이드
- 금속 단백질 : 헤모글로빈, 헤모시아닌

단순 단백질의 종류
- 섬유상 단백질: 콜라겐, 엘라스틴, 케라틴
- 구상 단백질: 알부민, 글로불린, 글루테닌, 프롤라민, 히스톤, 프로타민

식품별 전분 함유율
- 멥쌀 = 아밀로제 20% + 아밀로펙틴80%
- 찰옥수수, 찹쌀 = 아밀로펙틴만 100%

(5) 무기질

인체의 4~5%가 무기질로 구성되어 있다.

Ca, Mg, Kr, Na, S, Fe, Cu, O, Mn 등을 무기질이라 한다.

① 무기질의 결핍증 및 과잉증과 급원식품

종류	결핍증	함유식품
칼슘(Ca)	골격, 치아 발육 불량, 골연화증, 구루병, 혈액응고 불량, 내출혈	생선, 우유및유제품, 난황, 해조류, 녹엽채소
인(P)	골격, 치아의 발육불량, 성장정지, 골연화증, 구루병	생선, 우유, 콩, 견과류, 계란, 육류, 야채류
마그네슘(Mg)	신경불안, 경련, 심장간의 장애, 칼슘의 배설 촉진, 골연화증	곡류, 두류, 푸른잎채소, 쇠고기, 해조류, 코코아, 감자류
칼륨(K)	근육의 이완, 발육 불량	곡류, 과실, 채소류
나트륨(Na)	소화 불량, 식욕 부진, 근육 경련, 부종, 저혈압	동식물에 널리 분포
염소(Cl)	위액의 산도 저하, 식욕부진	NaCl로서 식물에 첨가
황(S)	빈혈, 두발 성장의 저해	육류, 어류, 우유, 달걀, 콩
철분(Fe)	빈혈, 신체 허약, 식욕 부진	야채류, 육류(간,심장), 난황, 어패류 두류
요오드(I)	갑상선 부종, 성장과 지능 발달 부진	해산물, 특히 해조류

(6) 비타민

열량원, 호르몬 주 구성요소, 체내에서 합성이 불가능하므로 반드시 음식물을 통하여 섭취해야만 한다.

① 비타민의 종류와 성질

㉠ 수용성 비타민 : 물에 용해된다. 비타민 B_1, 비타민 B_2, 비타민 B_6, 니아신, 비타민 B_{12}, 비타민C

㉡ 지용성 비타민 : 기름과 기름 용매에 녹는다. 비타민 A(retinol), 비타민 D(calciferol), 비타민 E(tocopherol), 비타민 K(phylloquinone), 비타민 F(필수 지방산)

② 비타민의 결핍증

㉠ 수용성 비타민

종류	결핍증	함유식품
비타민 B_1	각기병, 다발성 신경염	녹색채소, 돼지고기, 육류 중의 간, 내장, 난황, 어류
비타민 B_2	피부염, 구순 구각염, 설염, 야맹증	우유, 간, 육류, 푸른 잎 채소, 곡류, 난류, 배아, 효모, 난백
니아신	펠라그라(설사, 치매, 피부염, 사망)	육류, 어류, 가금류, 간, 효모, 우유, 땅콩, 곡류
비타민 B_6	피부염	쌀겨, 효모, 간, 난황, 육류, 녹황색 채소
비타민 B_{12}	악성 빈혈	살코기, 간, 내장
비타민 C	괴혈병, 간염	감귤류, 토마토, 양배추, 녹황색채소, 콩나물

ⓒ 지용성 비타민

종류	결핍증	함유식품
비타민 A	야맹증, 안구 건조증, 점막장애	간, 우유, 난황, 뱀장어
비타민 D	구루병, 골연화증	우유, 마가린, 생선 간유, 버섯, 효모, 맥각
비타민 E	불임증, 근육 위축증, 용혈 작용	식물성 기름, 녹색 채소, 곡물의 배아, 달걀
비타민 K	상처에 출혈	달걀, 간, 푸른 잎 채소
비타민 F	피부염, 성장 정지, 기관지염	콩기름, 옥수수 기름

2) 소화 흡수 및 식이 요법

(1) 소화

기계적으로 씹어 잘게 부수는 일 및 위와 소장의 연동작용을 하며 침, 위액, 이자액, 장액에 의한 가수분해와 소장의 하부에서 대장에 이르는 곳에서 세균류가 분해되는 작용을 말한다.

① 주요 소화 효소
  ㉠ 소화 효소의 종류와 작용

부분	소화액	효소	작용 물질 작용
입	침	아밀라아제	녹말 → 엿당
위	위액	펩신	단백질 → 펩톤 카세인 → 파라카세인
이자	이자액	리파아제 아밀라아제 트립신, 키모트립신 펩티다아제	지방 → 지방산 + 글리세롤 녹말 → 엿당 단백질 → 폴리펩티드 폴리펩티드 → 아미노산
소장	장액	말타아제 수크라아제 락타아제 펩티다아제	엿당 → 포도당 + 포도당 설탕 → 과당 + 포도당 젖당 → 갈락토오스 + 포도당 펩티드 → 아미노산
간	쓸개즙	리파아제	지방을 유화시킴

(2) 흡수

수용성 양분은 모세 혈관으로, 지용성 양분은 융털의 암죽관으로 흡수되어 심장으로 이동 한 후 온몸에 조직세포로 운반된다.

(3) 식이 요법

모든 환자에게 적용시킨다. 건강 상태가 정상이 아니고 영양 상태 불량, 질병 중일 때 식사를 통해서 영양 관리를 적절히 함으로써, 건강 회복과 병의 증세를 호전시키는 치료 방법이다.

V. 식품 위생학

1. 식품 위생 및 식품과 미생물

1) 식품 위생의 대상 범위
① 식품, 식품 첨가물, 기구, 용기와 포장을 대상 범위로 한다.
② 모든 음식물을 대상으로 하지만 의약으로 섭취하는 것은 예외로 한다.

2) 식품 위생의 목적
① 식품으로 인한 위생상의 위해 사고 방지
② 식품 영양의 질적 향상 도모
③ 국민 보건의 향상과 증진에 이바지

3) 미생물
단세포 또는 유사한 형태의 생물로서, 육안으로 볼 수 없는 미세한 생물군을 말한다.

(1) 미생물의 종류
① 세균류(bacteria)
  ㉠ 구균 : 단구균, 쌍구균, 연쇄상구균, 포도상구균
  ㉡ 간균 : 결핵균 등, 단간상~장간상 등
  ㉢ 나선균 : 나사 모양의 나선 형태
   - 곰팡이(mold)
   - 효모(Yeast)
   - 바이러스(Virus) - 가장 작은 미생물

② 미생물의 발육에 필요한 조건
미생물은 영양소, 수분, 온도, Ph, 산소, 산투압, 등의 환경이 갖추어졌을 때 증식. 발육되는 것이다.

4) 변질

(1) 식품의 변질현상
① 부패 : 단백질 식품이 혐기성 세균이 증식한 생물학적 요인에 의하여 분해되어 악취와 유해 물질 등 (아민류, 암모니아, 페놀, 황화수소 등)을 생성하는 현상이다.
   후란: 단백질 식품이 호기성 세균에 의하여 분해되는 현상이다.
② 변패 : 탄수화물을 많이 함유하는 식품이 미생물의 분해 작용으로, 맛이나 냄새가 변화하는 현상이다.

③ 산패 : 지방이 산화 등에 의해 악취나 변색이 일어나는 현상이다.

2. 식중독

1) 식중독의 정의

식중독(Food poisoning)이란 어떤 음식물을 먹은 사람들이 열을 동반하거나, 열을 동반하지 않으면서 구토, 식욕 부진, 설사, 복통등을 나타내는 경우이다.

(1) 세균에 의한 식중독

① 감염형 식중독

  ㉠ 살모넬라균(Salmonela) 식중독
  - 오염된 식품, 파리, 쥐, 바퀴가 전파하며 원인식품으로 육류 및 그 가공품, 어패류, 우유 및 유제품이다.
  - 증상 : 24시간 이내 발열, 구토, 복통, 설사, 인축 공통으로 발병하며 발열이 특징.
  - 예방 : 열에 약하므로 가열(60°C에서 30분이면 사멸) 예방한다.

  ㉡ 장염 비브리오균(Vibrio균) 식중독
  - 호염성 비브리오균, 어패류 생식 및 하절기에 주로 발생한다.
  - 해수(염분 3%)에서 잘 생육한다.
  - 증상 : 설사와 구토, 발열, 복통 등이다.

  ㉢ 병원성 대장균 식중독
  - 원인균은 병원성 대장균이며, 잠복기는 10~24시간정도이다
  - 증상 : 설사, 발열, 두통, 복통 등이다.

② 독소형 식중독

  ㉠ 포도상구균 식중독
  - 황색포도상구균이 원인이며, 독소는 엔테로톡신(enterotoxin)
  - 원인 식품으로 우유 및 유제품, 떡, 빵, 과자류 등이 있다.
  - 잠복기가 3~5시간으로 짧다.
  - 우리나라에서 많이 발생하는 식중독이며, 조리자의 화농에 의한 감염이다.

  ㉡ 보툴리누스균 식중독
  - 주로 식중독은 A, B, E, F형이며, 특히 A,B형 균의 포자는 내열성이 강하나(120°C, 4시간) 독소인 뉴로톡신은 열에 약하여 80°C에서 15분이면 파괴된다.
  - 신경 독소인 뉴로톡신(neurotoxin)으로 살균되지 않은 통조림 등에서 발생하며, 치사율이 64~68% 정도이다.
  - 증상 : 언어장애, 신경마비, 시력장애, 동공확대 등.

- ㉢ 웰치균
  - 어패류 및 육류와 가공식품이다.
  - 증상 : 심한 설사, 복통 등
  - 예방법 : 혐기성, 내열성이므로 조리 후 급냉, 저온 보관을 해야 한다.

③ **자연 식중독**

식용하고 있는 동·식물 중에는 종류에 따라 특정한 환경 조건 아래에서 유독화되는 것이 있고, 또는 취급 할때에 적당히 제거를 하여 조리를 하지 않은 경우나 무지로 인해 오용할 경우에 중독을 일으킨다.

- ㉠ 식물성 식중독
  - 독버섯
  - 독성분 : 무스카린(muscarine), 무스카리딘(muscaridine), 콜린(choline), 뉴린(neurine), 팔린(phaline), 아마니타톡신(amanitatoxin), 펄즈톡신(pilztoxin) 등
  - 감자
  - 독성분 : 솔라닌(sloanin). 발아 부위와 녹색 부위에 존재

- ㉡ 기타 식물성 자연독
  - 청매실, 은행, 살구씨-아미그달린(Amygdalin)이란 cyan배당체가 그 자체 내 효소에 의해 청산(HCN)을 생성한다.
  - 수수-두린(duhrrin) 청매와 같다.
  - 불순 면실유(목화씨)-고시폴(gossypol), 출혈성 신염
  - 독보리- 테무린(temulin)
  - 독미나리-시큐톡신(ccicutoxin)
  - 미치광이풀-히오시아민(뿌리), 생약 원료로 이용한다.
  - 피마자-리신(risin), 리시닌(ricinine), 알레겐(Allergen)알레르기 증상
  - 버마콩(오색두)-파세올라틴(phaseolunatin), 고물로 사용
  - 대두, 땅콩, 강낭콩-트립신(trypsin), 인히비토(inhibitor), 사포닌(saponin; 용혈작용)
  - 곰팡이독 - 아플라톡신(aflatoxin)은 땅콩에 번식하는 곰팡이로 발암성(간암)이 있다.
  - 고사리 - 프타킬로사이드(ptaquiloside)라는 발암물질

- ㉢ 동물성 식중독
  - 복어 - 독성분: 테트로도톡신(tetrodotoxin)
    - 부위: 난소, 간, 피부, 장, 육질부
  - 조개류 - 삭시톡신(saxitoxin) 또는 미틸로톡신(mytilotoxin)
  - 모시조개, 굴, 바지락 - 베네루핀(venerupins)
  - 소라 - 시규아톡신(ciguatoxin)

- ㉣ 화학성 식중독
  - 유해 표백제

- 롱가리트 : 감자, 연근, 우엉 등에 사용되는 경우가 있으며 아황산과 다량의 포름알데히드가 잔류하여 독성을 나타난다.
- 니트로겐트리클로로이드 : 밀가루의 표백. 숙성에 사용되어 왔다. 히스테리성 증상
- 과산화수소: 국수류에 표백 및 살균제료 사용되어 왔다.

• 납(Pb)
- 도료, 안료, 농약 등에서 오염, 수도관의 납관에서 수산화납이 생성되어 납중독
- 중독증상 : 피로, 소화기 장애, 지각 소실, 체중감소, 시력 장애

• 수은(Hg) : 미나마타병
- 유기 수은에 오염된 해산물 섭취로 발생한다.
- 중독 증상 : 갈증, 구토, 복통, 설사, 위장 장애, 정신 경련

• 카드뮴(Cd) : 이타이이타이병
- 각종 식기, 기구, 용기에 도금되어 있는 카드뮴이 용출되어 중독(제조 못함)된다.
- 중독 증상 : 만성 경우가 많으며, 신장 장애, 골연화증.

• 아연(Zn)
- 기구의 합금, 도금재료, 복통, 설사, 구토, 경련을 일으킨다.

• 주석(Sn)
- 통조림 관 내면의 도금 재료로 사용되며, 구토, 설사, 복통 등의 증상.

• 비소(As)
- 밀가루로 오인하여 식품에 첨가되어 구토, 위통, 경련을 일으키는 급성중독

2) 소독과 살균

(1) 소독

유해 미생물의 생활력을 빼앗아 사멸시키거나 또는 증식력을 잃게 하는 것으로 주로 화학물질을 사용하며 특히 병원균을 대상으로 할 때 사용한다. 그러나 멸균 또는 살균이란 용어는 병원균, 비병원균을 막론하고 모든 미생물을 사멸시키는 것을 말한다.

① 소독제 구비조건
㉠ 살균력이 있어야 한다.
㉡ 부식성, 표백성이 없어야 한다.
㉢ 잘 녹고 사용법이 간단해야 한다.
㉣ 경제적이며 안전성이 있어야 한다.

(2) 살균

병원미생물뿐만 아니라 모든 미생물을 대상으로 물리. 화학적 자극을 주어 단시간 내에 사멸시켜 완전한 무균상태로 만든다.

① 살균제의 종류
㉠ 차아염소산 나트륨(NaOCl)

  ⓒ 표백분($Ca(OCl)_2$)
  ⓒ 과산화수소(H_2O_2)
  ㉣ 이소시아눌산 이염화나트륨($Cl_2Na(NCO)_2$, dichlorocyanuric acide의 Na염

3) 식품과 질병

(1) 식품과 전염병

병의 근원이 되는 독이 전염되는 병. 식품을 통해 감염될 수 있는 질병은 경구 전염병, 기생충 질환, 인축 공통 전염병 등이다.

① 경구전염병(소화기계 전염병)

오염된 식품, 손, 물, 곤충, 식기류 등에 의해 세균이 입으로 통하여 침투하는 소화기계 전염병. 적은 양의 균으로도 감염이 잘 되며 2차 전염이 되는 경우가 많다는 점에서 세균성 식중독과 구별된다.
  ㉠ 환경위생이 불량한 후진국에서 많이 볼수 있다.
  ⓒ 세균성 전염병 : 장티푸스, 콜레라, 세균성 이질, 디프테리아, 파라티푸스 등
  ⓒ 바이러스성 전염병 : 소아마비, 전염성 설사, 유행성감염 등

② 인축 공통 전염병

사람과 동물이 같은 병원체에 의하여 발생하는 질병 또는 감염상태
  ㉠ 결핵 : 소, 양
  ⓒ 탄저병 : 소, 돼지, 말, 양 등
  ⓒ 야토병 : 산토끼
  ㉣ 돈단독 : 돼지
  ㉤ 파상열(브루셀라) : 소, 돼지, 개, 닭, 산양
  ㉥ 살모넬라 : 온혈동물
  ㉦ Q열 : 쥐, 소, 양

4) 식품첨가물과 방부제

(1) 식품첨가물

식품을 제조, 가공 또는 보존함에 있어 식품에 첨가 · 혼합 · 침윤 기타의 방법으로 사용되는 물질을 말한다.

① 외관을 좋게 하는 첨가물

② 식품의 변질, 변패를 방지하는 첨가물

③ 식품의 품질을 좋게 하고 저장성을 높이는 첨가물

④ 식품제조에 필요한 첨가물

(2) 식품첨가물의 분류

① 보존료(방부제, pesevatives)

미생물의 발육을 억제하는 정균 작용과 미생물을 살균 시키는 살균작용, 식품 또는 세균이 생성하는 효소작용을 억제하여 식품의 신선도를 보존하는 물질을 말한다.

방부제의 종류	식품류
디하이드로아세트산	치즈, 버터, 마가린
소르브산염	어육 제품, 된장, 고추장
프로피온산 칼슘 프로피온산 나트륨	빵류, 과자류
안식향산염(벤조산)	간장, 청량음료

② 산화방지제(항산화제, antioxidants)

식품중의 지방질 성분이나 유지류가 산패를 일으키는 유도기간 및 산화속도를 연장하는 물질 또는 요인들이라 정의한다.

항산화제 종류		
합성 항산화제	BHA(디부틸히드록시아니솔) BHT(디부틸히드로옥시톨루엔) PG(프로필 갈레이드)	옥수수기름, 각종 정제유, 쇼트닝, 마가린 등 식용유지, 지방산 식품류 등
자연 항산화제	비타민E(토코페롤) 세사몰(sesamol)	쇼트닝, 각종 식용유 등 참기름에 존재한다.

③ 밀가루 개량제(maturing dough conditioners)

제분한 밀가루의 가공성을 향상하기 위해 표백과 숙성이라는 과정에서 화학적 개량제를 첨가한다.

제빵용 밀가루의 글루텐 강화용	제빵용 밀가루의 발효 촉진용
과황산암모늄, 브롬산칼륨 과붕산소다, 과산화아세톤 비타민C(ascorbic acid)	염화암모늄, 황산암모늄 인산암모늄, amylase

④ 표백제(bleaching)

밀을 제분하면 밀가루는 특유의 누른빛의 크림색을 띄는데, 이는 밀가루에 함유되어 있는 지용성 카로티노이드에 속하는 크산토필이 주체가 되는 황색색소 때문이다.

이 색소는 대기 중에서 산소와 접촉하게 되면 산화가 이루어져 탈색이 되는데 이와 같은 현상을 자연 표백 이라고 한다. 껍질 부위에 있는 밀기울의 색소(플라보노이드계)는 표백제에 의해 표백이 되지 않는다.

㉠ 밀가루에 사용되는 화학 표백제
- 과산화 벤졸(Benzoyl peroxide)
- 산염화 질소(Nitrogen trichloride)
- 과산화 질소(Nitrogen peroxide)

- 염소(Chlorine)
- 이산화염소(Chlorine dioxode)

⑤ 이형제(release agents)

빵, 과자 제조 시 반죽이 용기나 모형 틀 등에 달라붙거나 오븐에서 구울 때 달라붙어서 적당하게 굽히지 않거나 발효에 의한 가스 형성이 불균일한 경우를 방지하기 위해 팬에 바르는 것을 말한다.

이형제는 대두유, 미강유, 등의 액상유지에 유화제, 증점제(호료)를 첨가하여 부착성을 향상시킨 것이며, 왁스, 파라핀, 식물성유지, 동물성유지(라드) 등이 이형제로 사용 가능하지만 현재 유동 파라핀(Paraffin)이 유일하게 허가되어 있다.

⑥ 영양 강화제(nutitional enriched)

밀가루 제품 등이 식품영양 강화목적을 위해 필수영양소를 인위적으로 첨가하는 첨가물로서 비타민류, 무기염류, 아미노산류 등이 있다.

⑦ 품질 개량제(texture modifying agents)

스테아릴 젖산칼슘, 폴리인산나트륨, 피로 인산나트륨 등을 말하며, 식품의 품질을 향상시키기 위하여 사용한다.

⑧ 증점제(호료)

식품의 물성(texture)과 촉감을 향상시키기 위해 사용하는 첨가물을 말하며, 종류에는 메틸셀룰로오스, 알긴산 나트륨, 카제인 등이 있다.

⑨ 계면활성제(interface active agents)

두 액체가 혼합될 때 두 액체가 동일 종류가 아닌 경우에는 계면(surface)을 형성하기 되며 또한 장력(tension)이 형성된다. 이와 같이 계면에 작용하게 되는 계면 자유에너지 또는 계면 장력을 급격하게 감소시켜줌으로써 혼합 액체 체계를 안정화시켜 주는 물질들을 말한다.

- 사용목적
  - 부피와 조직을 개선
  - 제품의 노화를 지연

⑩ 소포제(defoaming agent)

식품 첨가물로 식품제조 공정(발효, 농축 등)에서 단백질이나 질소화합물에 의해 거품이 발생하는 경우가 많다.

일단 제조공정 중에 거품이 형성되면 우선 작업이 어렵고 발효 미생물의 호기 조건을 방해하여 미생물 생육이 억제되며 거품 때문에 규정된 용량 이상의 제조용기를 사용해야 하는 여러 가지 문제점을 개선하고자 불필요한 거품의 생성을 억제 또는 제거하기 위하여 사용하는 첨가물을 말한다.

⑪ 피막제(glazing agent)

식품첨가물의 일종으로 수확 후의 과일이나 채소류 등의 호흡작용과 증산작용을 억제하기 위하여 표면에 계면활성제와 같은 피막제 등을 뿌리는 첨가물을 말한다.

- 목적
    - 수분의 손실을 예방
    - 공기 출입을 방지하여 저장 중에 발생하는 감량과 손상을 방지하여 신선도 유지
    - 식품 표면에 광택을 부여
    - 상품의 가치를 높임
- 피각제의 종류
    - 몰포린지방산염(morpholine fatty acide salt)
    - 초산비닐수지(polyvinyl acetate)

⑫ 발색제(color fixatives)

착색료와 다르게 자기 자신은 무색이며, 그 자체에 의해서는 절대 착색되지 않으나, 식품 중에 존재하는 유색 물질과 상호 작용하여 색을 발현시키거나 또는 색을 고정, 안정, 선명하게 하여 발색을 촉진시키는 첨가물을 말한다.

⑬ 착색료

식품, 약품 화장품을 비롯하여 인체의 일부분에 색깔을 낼 수 있는 능력을 가진 색소이며 식품의크기, 가공 및 저장 중에 색상이 퇴색된 것을 아름답게 착색시켜 기호면에서 식욕을 촉진시키고 상품 면에서 가치를 높이기 위한 목적으로 사용된다.

- 식용색소구비조건
    - 인체에 독성이 없을 것
    - 체내에서 축적 되지 않을 것
    - 미량으로도 효과가 있을 것
    - 물리, 화학적 변화에 안정할 것
    - 식품첨가물 공전에 수록되어 있을 것

⑭ 착향료(Flavoring)

식품위생법에 의하면 착향료는 식품의 제조, 가공, 보존 목적으로 식품에 혼합, 침윤, 그밖의 방법으로 사용되는 것 중에 향기 발생 목적으로 사용하는 첨가물이다.

식품에 사용할 경우 식용증진이나 품질향상, 기호성 증진 또는 좋지 않는 냄새를 은폐 및 좋은 냄새 강화를 위해 의도적으로 첨가하는 식품 첨가물의 일종이다.

Confectionery & BAKING

Part 02

제과기능사

초코롤케이크

 배합표

재료	비율(%)	무게(g)
박력분	100	168
계란	285	480
설탕	128	216
코코아파우더	21	36
베이킹소다	1	2
물	7	12
우유	17	30
합계	302	944
다크커버츄어	119	200
생크림	119	200
럼	12	20

memo

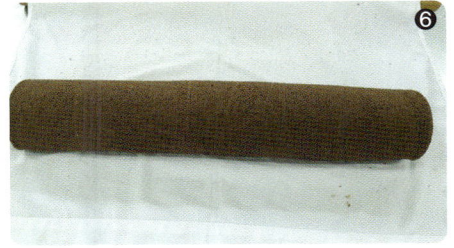

시험시간

1시간 50분 (충전용 재료는 계량시간에서 제외)

요구사항

다음 요구사항대로 초코롤케이크를 제조하여 제출하시오.
- 배합표의 각 재료를 계량하여 재료별로 진열하시오 (7분).
- 반죽은 공립법으로 제조하시오.
- 반죽온도는 24℃를 표준으로 하시오.
- 반죽의 비중을 측정하시오.
- 제시한 철판에 알맞도록 팬닝하시오.
- 반죽은 전량을 사용하시오.
- 충전용 재료는 가나슈를 만들어 사용하시오.
- 시트를 구운 윗면에 가나슈를 바르고 원형이 잘 유지되도록 말아 제품을 완성하시오.(반대방향으로 롤을 말면 성형 및 제품평가 해당항목 감점)

제조공정

1. 믹서볼에 계란을 풀어준 후 설탕을 넣고 중탕(60℃)한다.
2. 중탕한 계란을 고속으로 아이보리색이 날 때까지 거품을 올린 후 중속으로 기포를 안정화시킨다.(공기포집 100%)
3. 체질한 가루재료를 넣고 가볍게 섞어준다.
4. 물, 우유를 반죽에 가볍게 혼합한다.
5. 반죽온도 : 24℃, 비중 = 0.4±0.05
6. 팬닝 : 깊은 철판에 종이를 깔고 반죽을 팬닝한다.
7. 굽기 : 185/140℃, 15분(구운 직후 충격을 준다)
8. 가나슈에 들어가는 생크림을 데워서 다크커버츄어에 넣고 잘 섞어준다.
9. 럼을 넣어 섞어준다.
10. 말기
    ① 작업대 위에 젖은 보자기를 깐다.
    ② 식은 제품을 엎어 놓는다.
    ③ 유산지를 제거하고 가나슈를 고르게 바른 후 밀대로 말기를 한다.

흑미롤케이크

배합표

재료	비율(%)	무게(g)
박력쌀 가루	80	240
흑미쌀 가루	20	60
설탕	100	300
계란	155	465
소금	0.8	2.4(2)
베이킹파우더	0.8	2.4(2)
우유	60	180
합계	416.6	1249.8(1249)
생크림	60	150

memo

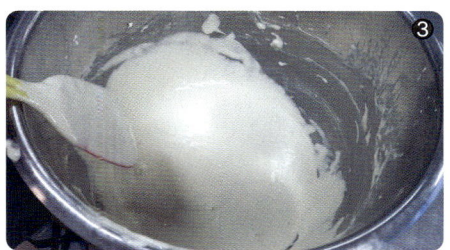

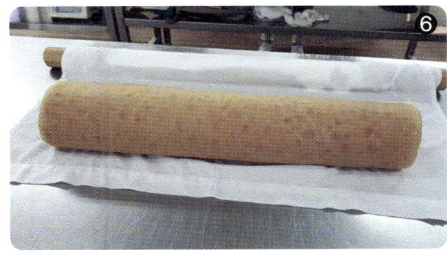

시험시간

1시간 50분 (충전용 재료는 계량시간에서 제외)

요구사항

다음 요구사항대로 흑미롤케이크(공립법)를 제조하여 제출하시오.

- 배합표의 각 재료를 계량하여 재료별로 진열하시오 (7분).
- 반죽은 공립법으로 제조하시오.
- 반죽온도는 25℃를 표준으로 하시오.
- 반죽의 비중을 측정하시오.
- 제시한 팬에 알맞도록 분할하시오.
- 반죽은 전량을 사용하여 성형하시오.
- 시트의 밑면이 윗면이 되게 정형하시오.

제조공정

1. 믹서볼에 계란을 풀어준 후 설탕과 소금을 넣고 중탕(60℃)한다.
2. 중탕한 계란을 고속으로 아이보리색이 날 때까지 거품을 올린 후 중속으로 기포를 안정화시킨다.(공기포집 100%)
3. 체질한 가루재료를 가볍게 혼합한다.
4. 따뜻한 우유를 넣고 가볍게 섞어준다.
5. 반죽온도: 25℃, 비중 = 0.4±0.05
6. 팬닝: 깊은 철판에 종이를 깔고 반죽을 팬닝한다.
7. 굽기: 180℃, 20~25분 전 후(구운 직 후 충격을 주고 식혀준다)
8. 생크림을 손으로 올린다.
9. 말기
   ① 물에 적신 면포를 준비하여 제품을 뒤집어 놓는다.
   ② 유산지 제거 후 생크림을 바른다.
   ③ 밀대를 이용하여 말기를 한다.(시트의 밑면이 윗면이 되게 정형한다)

초코머핀

배합표

재료	비율(%)	무게(g)
박력분	100	500
설탕	60	300
버터	60	300
계란	60	300
베이킹 소다	0.4	2
소금	1	5(4)
베이킹 파우더	1.6	8
코코아 파우더	12	60
물	35	175(174)
탈지분유	6	30
초코칩	36	180
합계	372	1860 (1858)

memo

시험시간

1시간 50분

요구사항

다음 요구사항대로 초코머핀을 제조하여 제출하시오.
- 배합표의 각 재료를 계량하여 재료별로 진열하시오 (11분).
- 반죽은 크림법으로 제조하시오.
- 반죽온도는 24°C를 표준으로 하시오.
- 초코칩은 제품의 내부에 골고루 분포되게 하시오.
- 반죽분할은 주어진 팬에 알맞은 양으로 반죽을 패닝하시오.
- 반죽은 전량을 사용하여 성형하시오.

제조공정

크림법

1. 버터를 부드럽게 풀어 준다.
2. 설탕, 소금을 넣고 크림 상태로 만든다.
3. 계란을 소량씩 넣으면서 크림을 부드럽게 만든다.
4. 체친 가루(박력, 소다, 베이킹 파우더, 분유, 코코아 파우더)를 넣고 혼합하고 물, 초코칩을 넣고 혼합한다.
5. 전 재료의 혼합이 균일하고 적당한 되기가 되도록 한다.
6. 패닝
   ① 머핀틀에 유산지를 깔아준다.
   ② 짤주머니에 반죽을 넣고 팬에 70% 패닝 한다.
7. 굽기 : 180/160°C, 25분~30분

버터스펀지케이크(별립법)

배합표

재료	비율(%)	무게(g)
박력분	100	600
설탕(A)	60	360
설탕(B)	60	360
계란	150	900
소금	1.5	9(8)
베이킹파우더	1	6
바닐라향	0.5	3(2)
용해 버터	25	150
합계	398	2388 (2386)

※ 배합표상 달걀 무게 합산 표기
 (계량시간 내에는 달걀의 개수로 계량 후 제조 시 달걀흰자, 노른자를 분리하여 별립법으로 제조)

memo

시험시간

1시간 50분

요구사항

다음 요구사항대로 버터스펀지 케이크(별립법)를 제조하여 제출하시오.
- 배합표의 각 재료를 계량하여 재료별로 진열하시오 (8분).
- 반죽은 별립법으로 제조하시오.
- 반죽온도는 23℃를 표준으로 하시오.
- 반죽의 비중을 측정하시오.
- 제시한 팬에 알맞도록 분할하시오.
- 반죽은 전량을 사용하여 성형하시오.

제조공정

별립법

1. 계란을 흰자와 노른자로 분리시킨다(흰자에 노른자가 섞이지 않도록 주의할 것).
2. 노른자에 설탕(A), 소금을 넣어 믹싱한다(별도의 물 90g을 추가하면 좋다).
3. 흰자를 60% 정도 믹싱한 후 설탕(B)를 2~3번에 나누어 넣어 90% 머랭을 만든다.
4. 전체 머랭 1/2을 노른자 반죽에 가볍게 섞어준다.
5. 박력분, 베이킹파우더를 혼합 체질하여 섞어준다.
6. 버터를 용해(60~100℃)시켜 가볍게 섞어준다.
7. 나머지 머랭을 넣고 가볍게 섞어준다(너무 오래 머랭을 섞지 말 것).
8. 반죽온도 : 23℃ ± 1, 비중 = 0.55 ± 0.05
9. 팬닝 : 철판 또는 원형팬3호 5개에 종이를 깔고 60% 정도 반죽을 넣는다.
10. 굽기 : 180/150℃, 25~30분
11. 오븐에 들어가기 전, 후 가볍게 충격을 준다.

젤리롤케이크

 배합표

재료	비율(%)	무게(g)
박력분	100	400
설탕	130	520
계란	170	680
소금	2	8
물엿	8	32
베이킹 파우더	0.5	2
우유	20	80
바닐라향	1	4
합계	431.5	1726
잼	50	200

memo

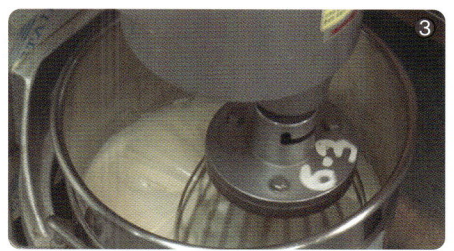
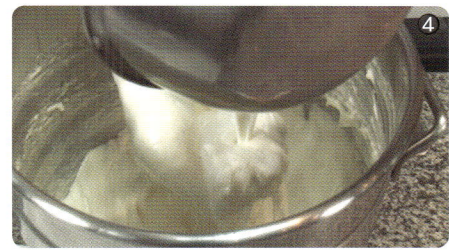

시험시간

1시간 30분 (충전용 재료는 계량시간에서 제외)

요구사항

다음 요구사항대로 젤리롤 케이크를 제조하여 제출하시오.
- 배합표의 각 재료를 계량하여 재료별로 진열하시오 (8분).
- 반죽은 공립법으로 제조하시오.
- 반죽온도는 23°C를 표준으로 하시오.
- 반죽의 비중을 측정하시오.
- 제시한 팬에 알맞도록 분할하시오.
- 반죽은 전량을 사용하여 성형하시오.
- 캐러멜 색소를 이용하여 무늬를 완성하시오.(무늬를 완성하지 않으면 제품껍질평가 0점 처리)

제조공정

공립법

1. 계란을 믹싱볼에 넣어 골고루 풀어준다.
2. 설탕, 물엿, 소금을 넣고 중탕(43°~60°C)한다.
3. 고속으로 90% 공기포집하고 중저속으로 10%(5분 이상) 믹싱하여 거품을 안정화시킨다.
4. 박력분, 베이킹 파우더향을 체질하여 섞어준다.
5. 우유를 넣고 가볍게 섞어준다.
6. 반죽온도 : 22~23°C, 비중 = 0.45 ± 0.05
7. 팬넣기 : 철판 안에 종이를 깔고 반죽을 넣어 윗면을 평편하게 만든다.(충격주기)
8. 무늬반죽 만들기
   ① 약간의 반죽에 캐러멜색소를 넣어 밤색이 나도록 무늬용 반죽을 만든다.
   ② 비닐짤주머니에 무늬반죽을 담아 반죽 표면 2/3까지 3cm 간격으로 가늘게 짜기를 한 후 젓가락을 사용해 반대 방향으로 무늬를 만든다.
9. 굽기 : 180/150°C, 20~25분(구운직후 충격주기)
10. 말기
    ① 작업대 위에 젖은 보자기를 깐다.
    ② 오븐에서 제품을 꺼내 무늬면이 뒤로 가게 보자기에 엎어 놓는다.
    ③ 물칠을 하여 종이를 떼어내고 잼을 바른 후 밀대로 말기를 한다.

소프트롤 케이크

 배합표

재료	비율(%)	무게(g)
박력분	100	250
설탕(A)	70	175(176)
물엿	10	25(26)
소금	1	2.5(2)
물	20	50
바닐라향	1	2.5(2)
설탕(B)	60	150
계란	280	700
베이킹파우더	1	2.5(2)
식용유	50	125(126)
합계	593	1482.5(1484)
잼	80	200

※ 배합표상 달걀 무게 합산 표기
 (계량시간 내에는 달걀의 개수로 계량 후 제조 시 달걀흰자, 노른자를 분리하여 별립법으로 제조)

memo

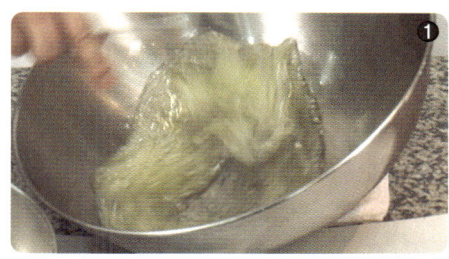

시험시간

1시간 50분 (충전용 재료는 계량시간에서 제외)

요구사항

다음 요구사항대로 소프트롤 케이크를 제조하여 제출하시오.

- 배합표의 각 재료를 계량하여 재료별로 진열하시오(10분).
- 반죽은 별립법으로 제조하시오
- 반죽온도는 22°C를 표준으로 하시오.
- 반죽의 비중을 측정하시오.
- 제시한 팬에 알맞도록 분할하시오.
- 반죽은 전량을 사용하여 성형하시오.
- 캐러멜 색소를 이용하여 무늬를 완성하시오.

제조공정

별립법

1. 계란을 흰자와 노른자로 분리시킨다(흰자에 노른자가 섞이지 않도록 주의할 것).
2. 노른자에 설탕(A), 물엿, 소금, 물을 넣어 100% 정도 믹싱한다.
3. 흰자를 60% 정도 믹싱한 후 설탕(B) 2~3번에 나누어 넣고 90% 머랭을 만든다.
4. 전체 머랭 중 1/2을 노른자 반죽에 가볍게 섞어준다.
5. 박력분, 베이킹파우더를 혼합, 체질하여 섞어준다.
6. 식용유, 바닐라오일을 골고루 섞어준다(반죽의 일부를 식용유 그릇에 넣고 충분히 섞어준 후 전체 반죽에 넣어 골고루 섞어준다.
7. 나머지 머랭을 골고루 섞어준다.
8. 반죽온도 : 22°C, 비중 = 0.45 ± 0.05
9. 팬닝 : 철판 안에 종이를 깔고 반죽을 넣어 윗면을 평편하게 만든다(충격주기).
10. 무늬반죽 만들기
    - 반죽의 일부에 캐러맬 색소를 1/2 뚜껑 넣어 진한 밤색이 나도록 무늬반죽을 만든다.
    - 유산지 종이에 무늬반죽을 담아 반죽표면 2/3까지 3cm 간격으로 가늘게 짜기를 한 후 젓가락을 사용해 반대 방향으로 무늬를 만든다.
11. 굽기 : 180/150°C, 20~25분 오븐에서 꺼내어 충격주기
12. 식은 후 말기
    ① 작업대 위에 젖은 면포를 깔고 그 위에 제품을 엎어 놓는다.
    ② 종이를 떼어내고 잼을 바른 후 밀대로 말기를 한다.

버터스펀지케이크(공립법)

 배합표

재료	비율(%)	무게(g)
박력분	100	500
설탕	120	600
계란	180	900
소금	1	5(4)
바닐라향	0.5	2.5(2)
버터	20	100
합계	421.5	2107.5(2106)

memo

시험시간

1시간 50분

요구사항

다음 요구사항대로 버터스펀지 케이크(공립법)를 제조하여 제출하시오.

- 배합표의 각 재료를 계량하여 재료별로 진열하시오 (6분).
- 반죽은 공립법으로 제조하시오.
- 반죽온도는 25°C를 표준으로 하시오.
- 반죽의 비중을 측정하시오.
- 제시한 팬에 알맞도록 분할하시오.
- 반죽은 전량을 사용하여 성형하시오.

제조공정

공립법

1. 계란을 믹싱 볼에 넣어 골고루 풀어준다.
2. 설탕과 소금을 넣고 중탕(43~60°C)하고 고속으로 90% 공기포집하고 중저속으로 10%(5분 이상)믹싱하여 거품을 안정화시킨다.
3. 체질한 박력분을 가볍게 섞어준다.
4. 버터를 녹여(60~100°C) 섞어준다.
   - 반죽 밑면에 용해 버터가 가라앉지 않게 빠른 시간 내에 가볍게 혼합할 것.
5. 반죽온도 : 23~24°C, 반죽비중 = 0.55 ± 0.05
6. 팬닝 : 깊은 철판 또는 3호 원형팬 4개에 종이를 깔고 반죽을 60% 정도 넣는다.
7. 굽기 : 180/150°C, 25~30분
8. 오븐에 들어가기 전, 후 가볍게 충격을 준다.

마드레느

🍞 배합표

재료	비율(%)	무게(g)
박력분	100	400
베이킹 파우더	2	8
설탕	100	400
계란	100	400
레몬껍질	1	4
소금	0.5	2
버터	100	400
합계	403.5	1614

memo

시험시간

1시간 50분

요구사항

다음 요구사항대로 마드레느를 제조하여 제출하시오.
- 배합표의 각 재료를 계량하여 재료별로 진열하시오 (7분).
- 마드레느는 수작업으로 하시오.
- 버터를 녹여서 넣은 1단계법(변형) 반죽법을 사용하시오.
- 반죽온도는 24℃를 표준으로 하시오.
- 실온에서 휴지를 시키시오.
- 제시된 팬에 알맞은 반죽량을 넣으시오.
- 반죽은 전량을 사용하여 성형하시오.

제조공정

1. 반죽제조 1단계법 또는 1단계법 변형으로 한다.
2. 그릇에 체질한 밀가루, 베이킹파우더, 설탕, 소금을 넣고 거품기로 섞어준다.
3. 계란을 풀어 2~3회 나누어 넣으면서 혼합한다.
4. 레몬껍질을 넣어 균일하게 섞는다.
5. 중탕한 버터를 넣고 혼합하여 껍질이 마르지 않게 비닐로 덮어 실온에서 30분간 휴지시킨다.
6. 마드레느 부채팬(1개)에 쇼트닝을 얇게 발라 준비한다. 짤주머니에 반죽을 채워 팬 용적의 80~85% 정도 짠다.
7. 은박 마드레느컵(속지제거)을 철판에 10개 늘어놓고 반죽을 50% 채운다.
8. 굽기 : 180/140℃, 20~25분

쇼트브레드 쿠키

배합표

재료	비율(%)	무게(g)
박력분	100	500
마가린	33	165
쇼트닝	33	165
설탕	35	175
소금	1	5
물엿	5	25
계란	10	50
노른자	10	50
바닐라 향	0.5	2.5(2)
합계	227.5	1137.5(1137)

memo

시험시간

2시간

요구사항

다음 요구사항대로 쇼트브레드 쿠키를 제조하여 제출하시오.

- 배합표의 각 재료를 계량하여 재료별로 진열하시오 (9분).
- 반죽은 수작업으로 하여 크림법으로 제조하시오.
- 반죽온도는 20°C를 표준으로 하시오.
- 제시한 정형기를 사용하여 두께 0.7~0.8cm, 지름 5~6cm(정형기에 따라 가감) 정도로 정형하시오.
- 반죽은 전량을 사용하여 성형하시오.
- 계란노른자칠을 하여 무늬를 만드시오.
  - 계란은 총 7개를 사용하며, 계란 크기에 따라 감독위원이 가감하여 지정할 수 있다.
  ① 배합표 반죽용 4개(계란 1개+노른자용 계란 3개)
  ② 계란 노른자칠용 계란 3개

제조공정

크림법

1. 그릇에 버터, 쇼트닝을 넣어 부드럽게 만든다.
2. 설탕, 소금, 물엿을 넣어 믹싱한다.
3. 노른자, 계란을 조금씩 나누어 넣으면서 크림화한다.
4. 향을 첨가한다.
5. 박력분을 체로 쳐서 넣고 가루가 보이지 않을 정도까지 혼합한다(반죽온도 20°C).
6. 반죽은 비닐에 싸서 냉장고(5~15°C)에 넣어 휴지시킨다.
7. 성형
   - 반죽은 밀대를 사용해 두께 0.5~0.8cm로 밀어 편 후 모양틀로 반죽을 찍어낸다.
   - 철판(3철판) 안에 2.5cm 간격으로 나열한다.
8. 노른자 칠하고 포크로 무늬만들기.
9. 굽기 : 190/140°C, 12~15분
   먹음직스러운 황금갈색으로 굽고 설익지 않도록 주의한다.

슈

 배합표

재료	비율(%)	무게(g)
물	125	250
버터	100	200
소금	1	2
중력분	100	200
계란	200	400
합계	526	1052
충전용크림	500	1000

memo

시험시간

2시간

요구사항

다음 요구사항대로 슈를 제조하여 제출하시오.

- 배합표의 껍질 재료를 계량하여 재료별로 진열하시오 (5분).
- 껍질 반죽은 수작업으로 하시오.
- 반죽은 직경 3cm 전후의 원형으로 짜시오.
- 커스터드 크림을 껍질에 넣어 제품을 완성하시오. (충전용 커스터드 크림을 지급재료로 제공하며, 수험생은 제조하지 않음)
- 반죽은 전량을 사용하여 성형하시오.

제조공정

껍질

1. 그릇에 물, 버터, 소금을 넣어 버터가 완전히 녹을 때까지 불에서 끓인다.
2. 중력분을 넣어 호화시킨다.
3. 반죽이 50°C 정도 일때 계란을 조금씩 나누어 넣으면서 혼합한다. 되기조절에 주의한다.
4. 반죽의 되기를 정확히 조절한다.
5. 성형 및 팬넣기
   ① 짤주머니에 직경 1cm 정도의 모양깍지를 끼우고 반죽을 넣는다.
   ② 직경 3cm 전후 크기로 철판 안에 간격을 유지하며 짠다.
   ③ 짠 반죽 표면이 완전히 젖도록 물을 뿌려준다 (부피팽창).
6. 굽기 : 150/180°C 15분 후, 180/150°C, 30분, 껍질색깔이 나기전에는 오븐문을 열지 않는다. 갈라진 틈새에도 갈색이 날 때까지 충분히 굽는다.
7. 냉각 및 크림 충전하기

브라우니

배합표

재료	비율(%)	무게(g)
중력분	100	300
계란	120	360
설탕	130	390
소금	2	6
버터	50	150
다크 쵸콜렛(커버춰)	150	450
코코아 파우더	10	30
바닐라 향	2	6
호두	50	150
합계	614	1842

memo

시험시간

1시간 50분

요구사항

다음 요구사항대로 브라우니를 제조하여 제출하시오.
- 배합표의 각 재료를 계량하여 재료별로 진열하시오 (9분).
- 브라우니는 수작업으로 반죽하시오.
- 버터와 초콜릿을 함께 녹여서 넣는 1단계 변형반죽법으로 하시오.
- 반죽온도는 27°C를 표준으로 하시오.
- 반죽은 전량을 사용하여 성형하시오.
- 3호 원형팬 2개에 팬닝하시오.
- 호두의 반은 반죽에 사용하고 나머지 반은 토핑하며, 반죽속과 윗면에 골고루 분포되게 하시오(호두는 구워서 사용).

제조공정

공립법

1. 호두를 살짝 구어준다
2. 계란을 믹싱볼에 넣고 골고루 풀어 준다.
3. 설탕과 소금을 넣고 중탕(43~60°C)하고 휘퍼로 60% 공기 포집 해준다.
4. 다크 쵸코렛을 녹여(45~50°C) 섞어준다.
5. 버터를 녹여 (60°C) 섞어준다.
6. 체친 가루재료를 가볍게 섞어주고 구운 호두의 반을 반죽에 혼합한다.
7. 반죽 온도 : 27°C
8. 팬닝 : 3호 원형팬 2개에 종이를 깔고 반죽을 50%정도 넣는다. 나머지 호두를 윗면에 골고루 뿌려준다.
9. 굽기 : 180/150°C 35분~40분 굽는다.
10. 냉각 및 마무리

과일케이크

 배합표

재료	비율(%)	무게(g)
박력분	100	500
설탕	90	450
마가린	55	275(276)
계란	100	500
우유	18	90
베이킹파우더	1	5(4)
소금	1.5	7.5(8)
건포도	15	75(76)
체리	30	150
호두	20	100
오렌지필	13	65(66)
럼주	16	80
바닐라	0.4	2
합계	459.9	2299.5(2300)

※ 배합표상 달걀 무게 합산 표기
  (계량시간 내에는 달걀의 개수로 계량 후 제조 시 달걀흰자, 노른자를 분리하여 별립법으로 제조)

memo

시험시간

2시간 30분

요구사항

다음 요구사항대로 과일 케이크를 제조하여 제출하시오.
- 배합표의 각 재료를 계량하여 재료별로 진열하시오 (13분).
- 반죽은 별립법으로 제조하시오.
- 반죽온도는 23℃를 표준으로 하시오.
- 제시한 팬에 알맞도록 분할하시오.
- 반죽은 전량을 사용하여 성형하시오.

제조공정

복합법(크림 별립법)

1. 계란을 흰자와 노른자로 분리한다.
2. 마가린, 설탕 1/2, 소금을 넣어 믹싱한 후 노른자를 2~3회 나누어 넣으면서 크림화한다.
3. 흰자를 60% 정도 믹싱한 후 나머지 설탕을 2~3차례 넣어 90% 머랭을 만든다.
4. 2의 크림에 머랭 1/2을 넣고 가볍게 섞는다.
5. 박력분, 베이킹 파우더를 체질하여 섞어준다.
6. 전처리한 과일과 우유를 섞어준다.
7. 나머지 머랭을 넣고 가볍게 혼합해 반죽 제조.
8. 반죽온도 : 23℃ ± 1
9. 팬닝 : 용적의 60%정도 넣는다. 또는 파운드틀 4개
    - 윗면을 평편하게 고른다.
10. 굽기 : 170/160℃ 40분 정도 굽는다.

과일전처리

건포도 따뜻한 물에 헹궈 물기를 제거한다.
호두 오렌지 필 크기로 자른다.
체리 8등분으로 자르고 꼭 짜서 시럽을 제거한다.

보관하자 !!

위의 과일과 오렌지 필을 럼주에 재워둔다.

파운드케이크

 배합표

재료	비율(%)	무게(g)
박력분	100	800
설탕	80	640
버터	80	640
유화제	2	16
소금	1	8
탈지 분유	2	16
바닐라향	0.5	4
베이킹파우더	2	16
계란	80	640
합계	347.5	2780

memo

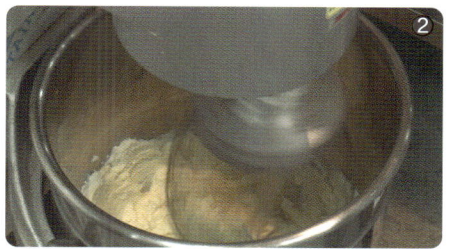

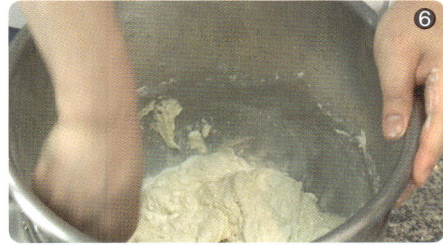

시험시간

2시간 30분

요구사항

다음 요구사항대로 파운드 케이크를 제조하여 제출하시오.
- 배합표의 각 재료를 계량하여 재료별로 진열하시오 (9분).
- 반죽은 크림법으로 제조하시오.
- 반죽온도는 23°C를 표준으로 하시오.
- 반죽의 비중을 측정하시오.
- 윗면이 터지는 제품을 만드시오.
- 반죽은 전량을 사용하여 성형하시오.

제조공정

크림법

1. 버터를 부드럽게 만든다.
2. 설탕, 소금, 유화제를 넣어 믹싱한다.
3. 계란을 조금씩 넣으면서 크림화한다.
4. 박력분, 분유, 베이킹파우더향을 체질하여 혼합한다.
5. 반죽온도 : 23~24°C
6. 반죽비중 = 0.85 ±0.05
7. 팬닝 : 파운드팬(4개 사용)에 종이를 깔고 반죽을 짤주머니에 담아 반죽을 70% 정도 넣는다.
   - 가운데가 들어가게 고무주걱으로 윗면을 골라 준다(유선형).
8. 굽기
   ① 자연스럽게 터트리기, 180/170°C, 50분
   ② 뚜껑덮기 : 220/170°C 10분 후 껍질형성되면 칼집내고 뚜껑덮어 170/170°C으로 굽는다. 총50분
9. 표피 터트리기 방법
   - 스패튤라에 식용유를 묻혀 반죽 중앙을 일자형으로 찍어준다.
   - 별도의 버터를 반죽 윗면에 일자형으로 짜서 터뜨리기
   - 반죽을 오븐에 넣고 윗면에 색깔이 나면 칼로 터트리기

다쿠와즈

 배합표

재료	비율(%)	무게(g)
계란흰자	100	330
설탕	30	99(98)
아몬드 분말	60	198
분당	50	165(164)
박력분	16	54
합계	256	846(844)
버터크림(샌드용)	66	218

memo

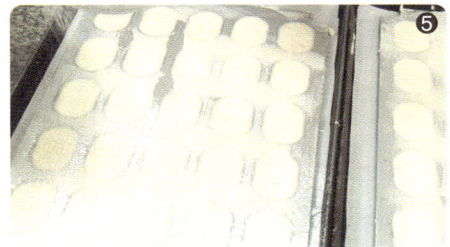

시험시간

1시간 50분 (충전용 재료는 계량시간에서 제외)

요구사항

다음 요구사항대로 다쿠와즈를 제조하여 제출하시오.
- 배합표의 각 재료를 계량하여 재료별로 진열하시오(5분).
- 머랭을 사용하는 반죽을 만드시오.
- 표피가 갈라지는 다쿠와즈를 만드시오.
- 다쿠와즈 2개를 크림으로 샌드하여 1조의 제품으로 완성하시오.
- 반죽은 전량을 사용하여 성형하시오.

제조공정

1. 아몬드 분말, 박력분, 분당을 혼합하여 3번 이상 체로 친다.
2. 흰자를 믹서볼에 넣고 60% 정도 믹싱후 설탕을 넣어 90~95% 정도의 머랭을 만든다.
3. 머랭을 (1)에 2~3회 나누어 넣으면서 균일하게 섞는다.
4. 철판(3장) 안에 종이를 깔고 그 위에 다쿠와즈틀을 올려놓는다.
5. 짤주머니에 원형 모양깍지를 끼우고 반죽을 넣어 틀에 짜준다.
6. 위의 작업이 완료되면 스패튤라를 이용하여 윗면을 평평하게 수평이 되도록 한 다음 다쿠와즈틀을 제거하고 그 위에 고운체를 사용하여 윗면에 별도의 분당을 뿌려준다(다쿠와즈틀이 없는 경우 - 종이 깐 철판위에 지름 5cm 동심원 모양으로 짜준다. 그 위에 별도의 분당을 체로 뿌려준다).
7. 굽기 : 180/150도에서 15~20분 정도 굽기를 한다 (밝은 황갈색).
8. 냉각이 완료되면 종이에 물칠을 한 후 다쿠와즈를 떼어내서 크림으로 샌드하여 마무리한다.

⭐ **캐러멜크림**
1. 스텐용기에 설탕과 물을 넣고 가열해서 캐러멜 상태로 만든다.
2. 데운 생크림을 넣고 균일하게 섞은 후 냉각시킨다.
3. 버터를 부드럽게 풀어준 후 캐러멜을 넣어 크림상태를 만든다(버터양을 100g으로 줄여준다).

캐러멜 크림

재료	비율(%)	무게(g)
버터	100	200
설탕	50	100
생크림	25	50
물	15	30
합계	190	380

타르트

 배합표

반죽

재료	비율(%)	무게(g)
박력분	100	400
계란	25	100
설탕	26	104
버터	40	160
소금	0.5	2
합계	191.5	766

충전물

재료	비율(%)	무게(g)
아몬드 분말	100	250
설탕	90	226
버터	100	250
계란	65	162
브랜디	12	30
합계	367	918

광택제

재료	비율(%)	무게(g)
에프리코혼당	100	150
물	40	60
합계	140	210

토핑

재료	비율(%)	무게(g)
아몬드슬라이스	66.6	100

memo

시험시간

2시간 20분

요구사항

다음 요구사항대로 타르트를 제조하여 제출하시오.
- 배합표의 반죽용 재료를 계량하여 재료별로 진열하시오(5분).
  (토핑 등의 재료는 휴지시간을 활용하시오.)
- 반죽은 크림법으로 제조하시오.
- 반죽온도는 20℃를 표준으로 하시오.
- 반죽은 냉장고에서 20~30분정도 휴지를 주시오.
- 반죽은 두께 3mm정도 밀어펴서 팬에 맞게 성형하시오.
- 아몬드크림을 제조해서 팬(∅10~12cm) 용적에 60~70%정도 충전하시오.
- 아몬드슬라이스를 윗면에 고르게 장식하시오.
- 8개를 성형하시오.
- 광택제로 제품을 완성하시오.

제조공정

크림법

1 반죽 제조
  ① 버터, 설탕, 소금을 크림화하고 계란을 혼합한다.
  ② 박력분을 체친후 혼합한다.
  ③ 반죽을 비닐에 싸서 냉장 휴지 30분 시킨다
2 아몬드 크림
  ① 버터, 설탕을 최소로 크림화하고 계란을 혼합한다.
  ② 아몬드 분말과 박력분을 체친후 혼합한다.
  ③ 브랜디를 혼합한다.
3 팬닝
  ① 반죽을 3mm두께로 밀어 쇼트닝칠한 타르트 팬에 반죽을 깐다.
  ② 아몬드 크림을 짤주머니에 담아 60~70% 채운다
  ③ 아몬드 슬라이스를 올려 준다.
4 굽기 : 180/200℃ 20분 바닥색을 확인하고 오븐에서 꺼낸다.
5 마무리 : 식은후 광택제를 바른다

시퐁케이크(시퐁법)

배합표

재료	비율(%)	무게(g)
박력분	100	400
설탕(A)	65	260
설탕(B)	65	260
계란	150	600
소금	1.5	6
베이킹 파우더	2.5	10
식용유	40	160
물	30	120
합계	454	1816

※ 배합표상 달걀 무게 합산 표기
 (계량시간 내에는 달걀의 개수로 계량 후 제조 시 달걀흰자, 노른자를 분리하여 별립법으로 제조)

memo

시험시간

1시간 40분

요구사항

다음 요구사항대로 시폰 케이크(시폰법)를 제조하여 제출하시오.

- 배합표의 각 재료를 계량하여 재료별로 진열하시오 (8분).
- 반죽은 시폰법으로 제조하고 비중을 측정하시오.
- 반죽온도는 23℃를 표준으로 하시오.
- 비중을 측정하시오.
- 시폰팬을 사용하여 반죽을 분할하고 굽기하시오.
- 반죽은 전량을 사용하여 성형하시오.

제조공정

시폰법

1. 노른자와 설탕(A) 소금을 넣어 골고루 섞어준다.
2. 물, 식용유를 섞어준다.
3. 체친 박력분과 베이킹파우더를 거품기로 혼합한다.
4. 믹싱볼에 흰자, 설탕(B)을 넣어 머랭을 만든다.
5. 머랭을 노른자 반죽에 3회 정도 나누어 넣으며 나무주걱으로 섞어준다.
6. 반죽온도 : 23℃
7. 비중 : 0.45 ± 0.05
8. 팬닝 : 미리 물을 뿌려 엎어놓은 시폰팬(2호 4개)에 반죽을 60% 넣는다.
9. 굽기 : 180/160℃, 25~30분 정도 굽는다.
10. 냉각 : 구운 후 충격주고 엎어서 식힌 후 틀에서 빼낸다.

마데라 컵케이크

 배합표

재료	비율(%)	무게(g)
박력분	100	400
버터	85	340
설탕	80	320
소금	1	4
계란	85	340
베이킹 파우더	2.5	10
건포도	25	100
호두	10	40
적포도주	30	120
합계	418.5	1674
분당	20	80
적포도주	5	20

memo

시험시간

2시간 (충전용 재료는 계량시간에서 제외)

요구사항

다음 요구사항대로 마데라(컵) 케이크를 제조하여 제출하시오.
- 배합표의 각 재료를 계량하여 재료별로 진열하시오 (9분).
- 반죽은 크림법으로 제조하시오.
- 반죽온도는 24°C를 표준으로 하시오.
- 반죽분할은 주어진 팬에 알맞은 양을 팬닝하시오.
- 적포도주 퐁당을 1회 바르시오.
- 반죽은 전량을 사용하여 성형하시오.

제조공정

크림법

1. 믹서볼에 버터, 설탕, 소금을 넣고 부드럽게 만든다.
2. 계란은 3~4회 투입하면서 크림화한다.
3. 밀가루, 베이킹파우더 혼합, 체로 쳐서 섞는다.
4. 전처리한 건포도와 호두를 섞는다.
5. 붉은 포도주를 넣고 섞는다(반죽온도 24°C).
6. 팬닝 : 유산지 종이를 깔고 짤주머니에 반죽을 넣어 80% 정도 짜준다.
7. 굽기 : 180/170°C에서 20~25분 정도 굽기를 하여 굽기 상태가 95% 이상 진행되면 컵케이크를 오븐에서 꺼내 붓을 사용하여 포도주 시럽을 발라 오븐에 넣고 시럽이 건조되는 상태까지 다시 굽는다.

포도주 시럽 제조
붉은포도주 20g, 분당 80g을 녹여서 되직한 상태로 만든다.

건포도 전처리
따뜻한 물에 재빨리 헹구고 건져 물기를 제거한다.

호두 전처리
150°C 오븐에 가볍게 구워서 사용한다.

버터쿠키

배합표

재료	비율(%)	무게(g)
박력분	100	400
버터	70	280
설탕	50	200
소금	1	4
계란	30	120
바닐라향	0.5	2
합계	251.5	1006

memo

시험시간

2시간

요구사항

다음 요구사항대로 버터 쿠키를 제조하여 제출하시오.

- 배합표의 각 재료를 계량하여 재료별로 진열하시오 (6분).
- 반죽은 크림법으로 수작업 하시오.
- 반죽온도는 22°C를 표준으로 하시오.
- 별모양깍지를 끼운 짤주머니를 사용하여 2가지 모양 짜기를 하시오(8자, 장미모양).
- 반죽은 전량을 사용하여 성형하시오.

제조공정

크림법

1. 그릇에 버터를 넣어 부드럽게 만든다.
2. 설탕, 소금을 넣어 믹싱한다.
3. 계란을 1개씩 넣으면서 크림화하고 향을 첨가한다(설탕을 최대한 녹인다).
4. 박력분을 체로 쳐서 가볍게 섞어준다(반죽온도 22~23°C).
5. 짤 주머니에 별 모양 깍지를 끼우고 반죽을 넣어 철판 안에 일정한 크기, 간격, 두께를 유지하며 8자, 장미모양으로 짜준다.
   - 높이는 1cm, 좌우 간격은 2.5~3cm정도
6. 굽기 : 180/140°C, 15~18분

치즈케이크

배합표

재료	비율(%)	무게(g)
중력분	100	80
버터	100	80
설탕(A)	100	80
설탕(B)	100	80
계란	300	240
크림치즈	500	400
우유	162.5	130
럼주	12.5	10
레몬주스	25	20
합계	1400	1120

※ 배합표상 달걀 무게 합산 표기
 (계량시간 내에는 달걀의 개수로 계량 후 제조 시 달걀흰자, 노른자를 분리하여 별립법으로 제조)

memo

시험시간

2시간 30분

요구사항

다음 요구사항대로 치즈케이크를 제조하여 제출하시오.

- 배합표의 각 재료를 계량하여 재료별로 진열하시오 (9분).
- 반죽은 별립법으로 제조 하시오.
- 반죽온도는 20도를 표준으로 하시오.
- 반죽의 비중을 측정하시오.
- 제시한 팬에 알맞도록 분할하시오.
- 굽기는 중탕으로 하시오.
- 반죽은 전량을 사용하시오.

제조공정

1. 달걀을 노른자와 흰자로 분리한다.
2. 버터와 설탕(A), 크림치즈, 노른자를 덩어리지지 않게 크림화 한다.
3. 우유, 럼, 레몬쥬스를 넣고 부드럽게 믹싱한다.
4. 흰자와 설탕(B)를 이용하여 중간피크의 머랭을 만든다.
5. 크림치즈 반죽과 머랭 1/2을 넣고 가볍게 섞고 체친가루를 넣고 섞은 후 나머지 머랭을 넣고 마무리 한다.
6. 용기(비중컵)에 버터와 설탕을 바르고 80%정도 팬닝한 후 중탕법으로 윗불 150도, 아랫불 150도 오븐에서 50분간 굽는다.

호두파이

 배합표

껍질

재료	비율(%)	무게(g)
중력분	100	400
노른자	10	40
소금	1.5	6
설탕	3	12
생크림	12	48
무염버터	40	160
물	25	100
합계	191.5	766

충전물

재료	비율(%)	무게(g)
호두	100	250
설탕	100	250
물엿	100	250
계피가루	1	2.5(2)
물	40	100
달걀	240	600
합계	581	1452.5(1452)

memo

시험시간

2시간 30분

요구사항

다음 요구사항대로 호두파이를 제조하여 제출하시오.

- 배껍질 재료를 계량하여 재료별로 진열하시오(7분).
- 껍질에 결이 있는 제품으로 손바닥으로 제조하시오.
- 껍질 휴지는 냉장온도에서 실시하시오.
- 충전물은 개인별로 각자 제조하시오(호두는 구워서 사용하시오).
- 구운 후 충전물의 층이 선명하도록 제조하시오.
- 제시한 팬 7개에 맞는 껍질을 제조하시오.(팬 크기가 다를 경우 크기에 따라 가감)
- 반죽은 전량을 사용하여 성형하시오.

제조공정

파이껍질

1. 냉수에 설탕, 소금을 용해한 다음 생크림을 혼합하고 노른자를 풀어 혼합한다.
2. 작업대에 중력분을 체질한 다음 버터를 놓고 스크레이퍼를 이용하여 좁쌀 크기로 다져준다. 액체재료를 넣어 한덩어리로 만든다.
3. 냉장 또는 냉동실에 20분간 휴지시킨다.
4. 휴지된 반죽을 0.35cm 두께로 밀어편 후 지그재그식으로 팬에 정형한다.
5. 바닥이 안보일 정도로 호두분태를 뿌린 후 충전 시럽을 부어주고(분무기이용) 기포를 제거한 다음 굽는다.
6. 윗불 170도, 아랫불 180도 오븐에서 30~40분간 굽는다.

충전물

1. 설탕에 계피분말을 섞어 물엿을 넣은 다음 중탕하여 설탕을 녹여준다.
2. 달걀을 풀어넣고 알끈이 없어질 때까지 거품기를 잘 저어준다.
   ※ 거품기로 저어줄 때, 거품이 나서는 안 된다.
3. 위생지를 알맞게 잘라 덮어준 다음 냉탕으로 식혀준다.
   ※ 식힌 후 위생지를 제거하면 기포도 제거 된다.

찹쌀도넛

배합표

재료	비율(%)	무게(g)
찹쌀가루	85	510
중력분	15	90
설탕	15	90
소금	1	6
베이킹 파우더	2	12
베이킹 소다	0.5	2
쇼트닝	6	36
물	22~26	132~156
합계	146.5~149.5	878~902
팥앙금	73.3	440
설탕	13.3	80

memo

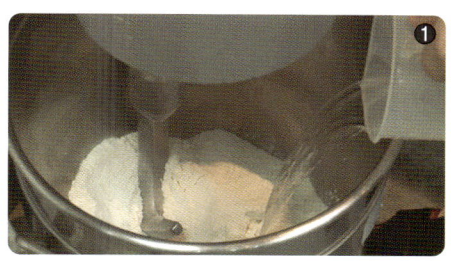

시험시간

1시간 50분 (충전용 재료는 계량시간에서 제외)

요구사항

다음 요구사항대로 찹쌀도넛을 제조하여 제출하시오.
- 배합표의 각 재료를 계량하여 재료별로 진열하시오 (8분).
- 반죽은 1단계법, 익반죽으로 제조하시오.
- 반죽 1개의 분할 무게는 40g, 팥앙금 무게는 20g으로 제조하시오.
- 반죽은 전량을 사용하여 성형하시오.
- 기름에 튀겨낸 뒤 설탕을 묻히시오.

제조공정

1단계법

1. 전 재료를 볼에 놓고 뜨거운 물을 사용하여 익반죽을 한다.
2. 반죽 온도 : 35℃
3. 분할 : 40g
4. 성형
   ① 반죽을 손에 놓고 팥 앙금 20g을 감싼다.
   ② 밑 부분을 잘 오므려준다.
5. 튀김
   ① 온 도 : 160℃ ~ 165℃
   ② 시 간 : 10분 정도
   ③ 요 령 : 튀김채로 눌러 주면서 튀긴다.

멥쌀스펀지케이크

배합표

재료	비율(%)	무게(g)
멥쌀가루	100	500
설탕	110	550
계란	160	800
소금	0.8	4
바닐라 향	0.4	2
베이킹파우더	0.4	2
합계	371.6	1858

memo

시험시간

1시간 50분

요구사항

다음 요구사항대로 멥쌀스펀지케이크(공립법)를 제조하여 제출하시오.
- 배합표의 각 재료를 계량하여 재료별로 진열하시오 (6분).
- 반죽은 공립법으로 제조하시오.
- 반죽온도는 25°C를 표준으로 하시오.
- 반죽의 비중을 측정하시오.
- 제시한 팬에 알맞도록 분할하시오.
- 반죽은 전량을 사용하여 성형하시오.

제조공정

공립법

1. 계란을 믹싱 볼에 넣고 골고루 풀어 준다.
2. 설탕과 소금을 넣고 중탕(43~60°C)하고 고속으로 90% 공기 포집하고 중 저속으로 10%(5분이상) 믹싱하여 거품을 안정화 시킨다.
3. 체질한 (멥쌀 가루, 바닐라향, 베이킹 파우더) 가루종류를 가볍게 섞어준다.
4. 반죽온도 : 25°C ± 1
5. 패닝 : 3호 원형팬 2개 2호, 원형팬 2개에 종이를 깔고 반죽을 60% 정도 넣는다.
6. 굽기 : 180/150°C, 25~30분

마카롱쿠키

 배합표

재료	비율(%)	무게(g)
아몬드 분말	100	200
분당	180	360
계란흰자	80	160
설탕	20	40
바닐라 향	1	2
합계	381	762

memo

시험시간

2시간 10분

요구사항

다음 요구사항대로 마카롱 쿠키를 제조하여 제출하시오.

- 배합표의 각 재료를 계량하여 재료별로 진열하시오 (5분).
- 반죽은 머랭을 만들어 수작업 하시오.
- 반죽온도는 22°C를 표준으로 하시오.
- 원형모양깍지를 끼운 짤주머니를 사용하여 완제품의 직경 4cm가 되도록 하시오.
- 반죽은 전량을 사용하여 성형하고, 팬 2개를 구어 제출하시오.

제조공정

1. 아몬드 분말과 분당을 혼합하여 3번 이상 체로 친다.
2. 흰자를 믹서볼에 넣고 60% 정도 믹싱 후 설탕을 넣어 90%정도의 머랭을 만든다.
3. 머랭에 가루재료를 넣고 고무주걱을 사용해 섞어 준다.
4. 철판(2장 준비) 안에 종이를 깔고 짤주머니에 직경 1cm 정도의 원형 모양깍지를 끼우고 반죽을 넣어 직경 3cm 정도의 크기로 일정 간격을 유지하며 짜준다.
5. 위의 작업이 완료되면 실온에서 건조시킨다.
6. 굽기 : 150/140°C. 15분
7. 식은 후 종이에 물을 칠한 후 마카롱을 떼어내고 크림으로 샌드하여 마무리한다.

사과파이

배합표

껍질

재료	비율(%)	무게(g)
중력분	100	400
설탕	3	12
소금	1.5	6
쇼트닝	55	220
탈지 분유	2	8
냉수	35	140
합계	196.5	786

충전물

재료	비율(%)	무게(g)
사과	100	900
설탕	18	162
소금	0.5	4.5(4)
계피가루	1	9(8)
옥수수 전분	8	72
물	50	450
버터	2	18
합계	179.5	1615.5(1614)

memo

시험시간

2시간 30분 (충전용 재료는 계량시간에서 제외)

요구사항

다음 요구사항대로 사과파이를 제조하여 제출하시오.
- 껍질 재료를 계량하여 재료별로 진열하시오(6분).
- 껍질에 결이 있는 제품으로 제조하시오.
- 충전물은 개인별로 각자 제조하시오.
- 제시한 팬(지름 약 12~15cm)에 맞추어 윗껍질이 있는 파이로 만드시오.
- 반죽은 전량을 사용하여 성형하시오.

제조공정

껍질(스코틀랜드식)

1. 작업대 위에 중력분, 분유을 체질한다.
2. 쇼트닝을 넣고 스크레이퍼를 사용, 유지 입자를 콩알크기 정도로 다져준다.
3. 가운데를 우물처럼 만들어 찬물(소금, 설탕을 미리 녹여둔다)을 붓고 스크레이퍼로 가루혼합물을 조금씩 끌어 넣으면서 섞어 반죽을 한 덩어리로 만든다.
4. 휴지 : 반죽을 비닐에 싸서 20~30분간 냉장 휴지시킨다.
5. 밀어펴기 : 반죽을 1/4 떼어내어 밀대로 밀어편다(두께 0.3cm 정도).
6. 팬닝 : (사과파이팬 5개-쇼트닝을 얇게 발라놓는다.) 파이팬 안에 반죽을 깔고 가장자리 남는 반죽은 스크레이퍼로 잘라낸다.
7. 충전물 넣기 : 팬 바닥에 포크로 공기구멍을 낸 뒤 팬 높이보다 약간 소복하게 얹는다.
8. 껍질반죽 덮기 : 반죽을 두께 0.3cm 정도 밀어펴서 격자형과 한장형으로 덮은 다음 옆면을 자르고 붙인다.
9. 노른자 칠하기 : 체에 거른 노른자를 흐르지도 고이지도 않게 고루 바른다.
10. 포크로 무늬를 내고 껍질반죽에 공기구멍을 낸다.
11. 굽기 : 170/190°C, 30~40분

충전물

1. 사과 껍질과 씨를 제거하고 깍두기 형으로 자른다.
2. 그릇에 설탕, 소금, 계피, 옥수수전분을 혼합한다.
3. 물을 넣어 골고루 혼합한 후 불에 올려 놓고 연한 죽 상태로 끓인다.
4. 버터를 혼합한다.
5. 사과를 혼합한 후 냉각시켜 파이 충전물로 사용한다.

퍼프페이스트리

배합표

재료	비율(%)	무게(g)
강력분	100	800
계란	15	120
마가린	10	80
소금	1	8
찬물	50	400
충전용 마가린	90	720
합계	266	2128

memo

시험시간

3시간 30분

요구사항

다음 요구사항대로 퍼프 페이스트리를 제조하여 제출하시오.

- 배합표의 각 재료를 계량하여 재료별로 진열하시오 (6분).
- 반죽은 스트레이트법으로 제조하시오.
- 반죽온도는 20℃를 표준으로 하시오.
- 접기와 밀어펴기는 3겹 접기 4회로 하시오.
- 정형은 감독위원의 지시에 따라 하고 평철판을 이용하여 굽기를 하시오.
- 반죽은 전량을 사용하여 성형하시오.

제조공정

스트레이트법

프랑스식

1. 강력분, 계란, 소금, 냉수, 마가린을 넣어 믹싱한다. 발전단계 초기까지 믹싱한다.
2. 반죽온도: 20℃
3. 비닐에 싸서 냉장휴지 20분
4. 충전용 마가린은 비닐을 대어 손으로 이겨서 가소성(plasticity)을 주어 비닐로 싸서 사각형으로 만든다.
   - 밀어펴기
   - 충전하기
   - 봉하기
5. 밀어펴기 및 접기
   - 3 × 4회, 3절 2회 후 휴지, 3절 2회 후 휴지, 성형 (냉장고에 넣어 10~20분간 휴지시킨다)
6. 성형
   - 반죽을 두께 0.8~1cm 직사각형으로 밀어편다 (비닐덮고 작업대 위에서 5~10분간 휴지).
   - 자르기(4 × 12cm 직사각형)
   - 꼬아주기
7. 팬닝 : 철판에 2 × 5개, 5~6철판 (물을 분무하고 굽기)
8. 굽기 : 190/160℃, 30분 굽기 도중 오븐문을 열지 않고 색깔난 후 철판 위치를 바꿔 균일한 색으로 구워낸다.

밤과자

배합표

재료	비율(%)	무게(g)
박력분	100	200
계란	45	90
설탕	60	120
물엿	6	12
연유	6	12
베이킹파우더	2	4
버터	5	10
소금	1	2
합계	225	450
흰앙금	525	1050
참깨	13	26

memo

시험시간

3시간 (충전용 재료는 계량시간에서 제외)

요구사항

다음 요구사항대로 밤과자를 제조하여 제출하시오.
- 배합표의 각 재료를 계량하여 재료별로 진열하시오 (8분).
- 반죽은 중탕하여 냉각시킨 후 반죽 온도는 20°C를 표준으로 하시오.
- 반죽 분할은 20g씩 하고, 앙금은 45g으로 충전하시오.
- 제품 성형은 밤모양으로 하고 윗면은 계란 노른자와 캐러멜 색소를 이용하여 광택제를 칠하시오.
- 반죽은 전량을 사용하여 성형하시오.

제조공정

1. 그릇에 계란을 넣어 골고루 풀어 준다.
2. 연유, 설탕, 소금, 물엿을 넣어 섞어준다.
3. 버터를 넣고 중탕한다(설탕입자와 버터가 용해되도록 중탕시킨 다음 20°C로 냉각시킨다).
4. 박력분, 베이킹파우더를 체질하여 넣고 나무주걱으로 골고루 섞은 다음 되기 조절하고 마르지 않도록 비닐이나 면포로 싸서 10~15분간 냉장 휴지시킨다(반죽온도: 20°C).
5. 분할 : 반죽 = 20g, 흰앙금 = 45g
6. 앙금 넣기(헤라 이용)
7. 성형
   ① 밤 모양으로 성형한다.
   ② 윗면 아랫부분에 물을 찍고 볶은 깨를 묻힌다.
   ③ 물 뿌린 철판(2철판)에 3 × 5 또는 3 × 6개를 팬닝한다.
   ④ 푸딩 컵으로 윗면을 평평하게 만든다.
   ⑤ 물을 뿌려 덧가루를 제거한 후 건조시킨다.
   ⑥ 채색하기(노른자를 체에 걸러 캐러멜 색소와 혼합한다.)
8. 굽기 : 195/140°C, 15~20분

Confectionery & BAKING

Part 03

제빵 기능사

빵도넛

 배합표

재료	비율(%)	무게(g)
강력분	80	880
박력분	20	220
설탕	10	110
쇼트닝	12	132
소금	1.5	18
탈지분유	3	32
이스트	5	54
제빵개량제	1	10
바닐라향	0.2	2
계란	15	164
물	46	506
넛메그	0.3	2
합계	194	2130

memo

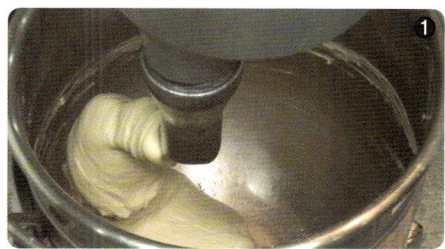

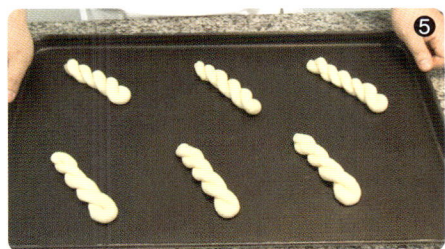

시험시간

3시간

요구사항

다음 요구사항대로 빵도넛를 제조하여 제출하시오.
- 배합표의 각 재료를 계량하여 재료별로 진열하시오 (12분).
- 반죽을 스트레이트법으로 제조하시오.
  (단, 유지는 클린업 단계에서 첨가하시오.)
- 반죽온도는 27°C를 표준으로 하시오.
- 분할무게는 46g씩으로 하시오.
- 모양은 8자형과 트위스트형(꽈배기형)으로 만드시오.
- 반죽은 전량을 사용하여 성형하시오.

제조공정

스트레이트법

1. 믹싱 : 유지를 제외한 전재료를 클린업단계까지 믹싱하고 유지를 넣은 후 발전단계 후기까지 믹싱한다.
2. 반죽온도 : 27°C
3. 1차 발효 : 온도 27°C 상대습도 75~80%의 조건에서 30분 정도 발효시킨다.
4. 분할 : 45g 분할 후 둥글리기를 한다.
5. 중간 발효 : 10~15분
6. 성형
   ① 말아서 가스빼기하고 두께균일하고 조밀한 막대형으로 밀어편다. 8자형으로 꼬기
   ② 8자형 또는 트위스트형(꽈배기형)으로 성형
7. 2차 발효 : 온도 35~38°C 상대습도 75~80%의 조건에서 20분 정도 약간 짧게 발효시킨다(단, 시간보다 상태로 판단).
8. 튀김 : 온도 170°C
   ① 반죽을 튀김 기름에 넣고 한쪽면의 색이 나면 뒤집는다.
   ② 앞뒷면의 색깔을 골고루 낸다.
9. 식은후 설탕 묻히기 : 계피 : 설탕 = 5 : 95

소시지빵

 배합표

재료	비율(%)	무게(g)
강력분	80	560
중력분	20	140
생이스트	4	28
제빵 개량제	1	6
소금	2	14
설탕	11	76
마가린	9	62
탈지분유	5	34
계란	5	34
물	52	364
합계	189	1318

충전물

재료	비율(%)	무게(g)
프랑크소시지	100	480
양파	72	336
마요네즈	34	158
피자 치즈	22	102
케찹	24	112
합계	252	1188

memo

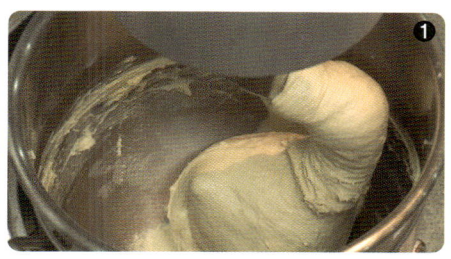

시험시간

3시간 30분

요구사항

다음 요구사항대로 소시지빵을 제조하여 제출하시오.
- 반죽재료를 계량하여 재료별로 진열하시오(10분).
- 반죽은 스트레이트법으로 제조하시오.
- 반죽 온도는 27°C를 표준으로 하시오.
- 분할 무게는 70g씩 분할하시오.
- 완제품(토핑 및 충전물 완성)은 12개 제조하여 제출하고 남은 반죽은 감독위원이 지정하는 장소에 따로 제출하시오.
- 충전물은 발효시간을 활용하여 제조하시오.
- 정형 모양은 낙엽모양과 꽃잎모양의 2가지로 만들어서 제출하시오.

제조공정

스트레이트법

1. 믹싱 : 유지를 제외한 전재료를 클린업 단계까지 믹싱한 후 유지를 넣고 최종단계까지 믹싱한다.
2. 반죽 온도 : 27°C
3. 1차 발효 : 온도 27°C, 상대 습도 75%~80%에서 30분 발효 한다.
4. 1분 할 : 70g × 21개 분할 후 둥글리기 한다.
5. 중간 발효 : 15분
6. 성형(낙엽, 꽃잎 모양)
    1) 낙엽 모양
        ① 반죽을 타원형으로 밀어펴고 그 위에 소시지를 말아 준다.
        ② 팬닝후 일정한 간격으로 가위로 잘라 엇갈려 꼰다.
    2) 꽃잎 모양
        ① 반죽을 타원형으로 밀어 펴고 그 위에 소시지를 말아 준다.
        ② 반죽을 6~7 등분하여 꽃모양으로 팬닝한다.
7. 팬닝 : 2 × 5, 10개씩 팬닝한다.
8. 2차 발효 : 온도 35°C~43°C, 상대 습도 85% 조건에서 30분 정도 계란 물칠 후 발효 시킨다.
  발효 후 토핑할 야채를 마요네즈등으로 버무려 빵 위에 올린 뒤 케찹, 마요네즈를 짜준다.
9. 굽기 : 195/150°C, 15분

식빵

 배합표

재료	비상스트레이트	
	비율(%)	무게(g)
강력분	100	1200
물	63	756
이스트	5	60
제빵개량제	2	24
설탕	5	60
쇼트닝	4	48
탈지분유	3	36
소금	1.8	2.2
합계	183.8	2206

memo

시험시간

2시간 40분

요구사항

다음 요구사항대로 식빵(비상스트레이트법)을 제조하여 제출하시오.

- 배합표의 각 재료를 계량하여 재료별로 진열하시오 (8분).
- 비상스트레이트법 공정에 의해 제조하시오. (반죽온도는 30℃로 한다.)
- 표준분할무게는 170g으로 하고, 제시된 팬의 용량을 감안하여 결정하시오. (단, 분할무게 ×3을 1개의 식빵으로 함)
- 반죽은 전량을 사용하여 성형하시오.

제조공정

비상 스트레이트 법

1. 믹싱 : 유지를 제외한 전재료를 클린업단계까지 믹싱하고 유지를 넣은 후 최종단계까지 믹싱한다.
2. 반죽온도 : 30℃
3. 1차 발효 : 온도 30℃ 상대습도 75~80%의 조건에서 15~30분 정도 발효시킨다.
4. 분할 : 170g 분할 후 둥글리기를 한다.
5. 중간 발효 : 10~15분
6. 성형-산형
   ① 둥글리기한 반죽을 밀대로 밀어 긴 타원형이 되게한다.
   ② 반죽을 뒤집은 후 3겹접기하여 가볍게 말아 이음매를 봉한다.
   ③ 말은 방향이 같게 하여 3개를 1조로 팬에 넣고 윗면을 눌러주어 팬바닥과 밀착시킨다.
7. 팬닝 : 식빵팬 4개 사용 170 g × 3개씩 팬닝한다.
8. 2차 발효 : 온도 35~40℃ 상대습도 85~90% 팬높이까지 발효시킨다.
9. 굽기 : 185/190℃, 25~30분

단팥빵

 배합표

재료명	비상스트레이트	
	비율(%)	무게(g)
강력분	100	900
물	48	432
이스트	7	64
제빵개량제	1	8
소금	2	18
설탕	16	144
마가린	12	108
탈지분유	3	28
계란	15	136
합계	204	1836
통팥앙금	150	1440

memo

시험시간

3시간

요구사항

다음 요구사항대로 단팥빵(비상스트레이트법)을 제조하여 제출하시오.

- 배합표의 각 재료를 계량하여 재료별로 진열하시오 (9분).
- 반죽은 비상스트레이트법으로 제조하시오. (단, 유지는 클린업 단계에 첨가하고, 반죽온도는 30°C로 한다.)
- 반죽 1개의 분할 무게는 50g, 팥앙금 무게는 40g으로 제조하시오.
- 반죽은 전량을 사용하여 성형하시오.

제조공정

비상스트레이트법

1. 믹싱 : 유지를 제외한 전재료를 클린업단계까지 믹싱한 후 유지를 넣고 최종단계까지 믹싱한다 (믹싱시간으로 20% 더 믹싱한다).
2. 반죽온도 : 30°C
3. 1차발효 : 온도 30°C 상대습도 75~80%의 조건에서 15~30분 정도 발효시킨다.
4. 분할 : 40g 분할 후 둥글리기를 한다.
5. 중간발효 : 10~15분.
6. 성형 : 팥앙금 30g을 반죽 중앙에 오도록 앙금주걱을 이용하여앙금을 싼다.
7. 팬닝 : ① 판에 일정한 간격으로 팬닝하고 지름 7~8 cm로 윗면이 평평하도록 눌러준다. ② 목란을 사용하여 가운데를 뚫어준다. ③ 팬닝 후 계란물을 칠 해준다.
8. 2차발효 : 온도 36~40°C 상대습도 85~90%의 조건에서 30분 정도 발효시킨다(단, 시간보다 상태로 판단).
9. 굽기 : 185/150°C, 12~14분
10. 구운직후 우유나 버터를 칠한다.

그리시니

배합표

재료	비율(%)	무게(g)
강력분	100	700
이스트	3	22
소금	2	14
설탕	1	6
버터	12	84
올리브유	2	14
물	62	434
건조 로즈마리	0.14	1(2)
합계	182.14	1275

참조

그리시니의 유래: 그리시니(grissini stirati)의 'stirati' 가 늘리다는 뜻의 이탈리아의 전통빵으로 소금, 허브, 햄, 베이컨을 곁들여 먹는 바삭한 식감의 간식용 빵.

memo

시험시간

2시간 30분

요구사항

다음 요구사항대로 그리시니를 제조하여 제출하시오.

- 배합표의 각 재료를 계량하여 재료별로 진열하시오 (8분).
- 전 재료를 동시에 투입하여 믹싱하시오(스트레이트법).
- 반죽온도는 27℃를 표준으로 하시오.
- 1차 발효시간은 30분 정도로 하시오.
- 분할무게는 30g, 길이는 35~40cm로 하시오.
- 반죽은 전량을 사용하여 성형하시오.

제조공정

스트레이트법

1. 전재료를 투입하여 믹싱한다.
2. 반죽온도 : 27℃
3. 1차발효 : 온도 27℃ 상대습도 75%~80%의 조건에서 30분 정도 발효 시킨다.
4. 분할 : 30g
5. 중간발효 : 10분
6. 성형 : 길이 35cm~40cm 정도로 늘려편다.
7. 팬닝 : 3cm정도의 간격으로 팬닝.
8. 2차발효 : 30분
9. 굽기 : 200/150℃, 20~25분, 전체적으로 연한 갈색이 나고, 단단하고 바삭한 식감으로 굽는다.

밤식빵

 배합표

반죽

재료	비율(%)	무게(g)
강력분	80	960
중력분	20	240
물	52	624
이스트	4.5	54
제빵개량제	1	12
소금	2	24
설탕	12	144
버터	8	96
탈지분유	3	36
계란	10	120
합계	192.5	2310
통조림밤(시럽제외)	35	420

토핑

재료	비율(%)	무게(g)
마가린	100	100
설탕	60	60
베이킹파우더	2	2
계란	60	60
중력분	100	100
아몬드슬라이스	50	50
합계	372	372

memo

시험시간

4시간 (충전용, 토핑용 재료는 계량시간에서 제외)

요구사항

다음 요구사항대로 밤 식빵을 제조하여 제출하시오.
- 반죽 재료를 계량하여 재료별로 진열하시오(10분).
- 반죽은 스트레이트법으로 제조하시오.
- 반죽온도는 27°C를 표준으로 하시오.
- 분할무게는 450g으로 하고, 성형시 450g의 반죽에 80g의 통조림 밤을 넣고 정형하시오(한덩이: one loaf).
- 토핑물을 제조하여 굽기 전에 토핑하고 아몬드를 뿌리시오.
- 반죽은 전량을 사용하여 성형하시오.

제조 공정

스트레이트법

1. 믹싱 : 유지를 제외한 전재료를 클린업단계까지 믹싱하고 유지를 넣은 후 최종단계까지 믹싱한다.
2. 반죽온도 : 27°C
3. 1차발효 : 온도 27°C 상대습도 75~80%의 조건에서 40분 정도 발효한다.
4. 분할 : 450g ,5개 분할 후 둥글리기를 한다.
5. 중간발효 : 10~20분
6. 성형 : one loaf형
   ① 둥글리기한 반죽을 밀대로 밀어 긴 타원형이 되게 한다.
   ② 반죽을 뒤집은 후 80g 정도의 밤을 충전한다.
   ③ 가볍게 말아준 후 이음매를 봉해 팬바닥과 밀착시킨다.
7. 팬닝 : 식빵팬에 한 덩어리씩 넣는다.
8. 2차발효 : 온도 35~45°C 상대습도 80%의 조건에서 팬높이 −1 cm까지 발효시킨다.
9. 토핑반죽 짜기 : 짤주머니에 납작깍지를 끼우고 토핑반죽을 넣어 발효된 반죽 윗면적의 2/3(3줄)를 짠 후 아몬드슬라이스(50 g)를 뿌린다.
10. 굽기 : 185/180°C, 30분

☞ 통조림밤은 시럽에서 건져내고 물에 헹구어 마른행주 등으로 물기를 제거한다.

☞ **토핑반죽**
① 설탕과 마가린을 크림화한다.
② 계란을 조금씩 넣으면서 크림상태로 만든다.
③ 중력분, 베이킹파우더를 체질하여 균일하게 섞는다.

베이글

 배합표

재료	비율(%)	무게(g)
강력분	100	800
물	55	480
이스트	3	24
제빵개량제	1	8
소금	2	16
설탕	2	16
식용유	3	24
합계	166	1368

memo

시험시간

3시간 30분

요구사항

다음 요구사항대로 베이글을 제조하여 제출하시오.
- 배합표의 각 재료를 계량하여 재료별로 진열하시오 (7분).
- 반죽은 스트레이트법으로 제조하시오.
- 반죽 온도는 27°C를 표준으로 하시오.
- 1개당 반죽무게를 80g으로 하고 링(굴렁쇠, 반지)모양으로 정형하시오.
- 반죽은 전량을 사용하여 성형하시오.
- 2차 발효 후 끓는 물에 데쳐 패닝하시오.
- 팬 2개에 완제품 16개를 구워 제출하시오.

제조공정

스트레이트법

1. 믹싱 : 식용유를 제외한 전재료를 클린업단계까지 믹싱하고 식용유를 넣은 후 최종단계까지 믹싱한다.
2. 반죽온도 : 27°C
3. 1차 발효 : 온도 27°C 상대습도 75~80%의 조건에서 30분 정도 발효시킨다.
4. 분할 : 80g × 19개 분할 후 둥글리기를 한다.
5. 중간발효 : 10~15분
6. 성형
   ① 밀대로 밀어펴고 3겹 접기후 말아서 20cm 정도의 막대형으로 만든다.
   ② 한쪽 끝은 눌러서 평평하게 하고 한쪽끝은 가늘게 만들어 링형으로 연결한다.
7. 팬닝 : 철판 사용 8개씩 팬닝한다.
8. 2차 발효 : 온도 30~35°C 상대습도 70~80% 20분 정도 발효후 90°C 물에 앞, 뒤 5초씩 데쳐 낸다.
9. 굽기 : 210/150°C 15~18분

스위트롤

 배합표

재료	비율(%)	무게(g)
강력분	100	900
물	46	414
이스트	5	46
제빵개량제	1	10
소금	2	18
설탕	20	180
쇼트닝	20	180
탈지분유	3	28
계란	15	136
합계	212	1908
충전용 설탕	15	136
충전용 계피가루	1.5	14

memo

시험시간

4시간 (충전용, 토핑용 재료는 계량시간에서 제외)

요구사항

- 배합표의 각 재료를 계량하여 재료별로 진열하시오 (9분).
- 반죽은 스트레이트법으로 제조하시오.
  (단, 유지는 클린업 단계에 첨가하시오.)
- 반죽온도는 27°C를 표준으로 하시오.
- 야자잎형 12개, 트리플리프(세잎새형) 9개를 만드시오.
- 계피설탕은 각자가 제조하여 사용하시오.
- 반죽은 전량을 사용하여 성형하시오.

제조공정

스트레이트법

1. 믹싱 : 유지를 제외한 전재료를 클린업단계까지 믹싱하고 유지를 넣은 후 최종단계까지 믹싱한다.
2. 반죽온도 : 27°C
3. 1차 발효 : 온도 27°C 상대습도 75~80%의 조건에서 40분 정도 발효시킨다.
4. 분할 : 2등분, 둥글리기는 가볍게 한다.
5. 성형
   ① 밀어펴기 → 세로 40cm, 두께 0.5cm, 직사각형
   ② 용해버터 칠하기 → 이음매 2cm 남긴다.
   ③ 계피설탕 뿌리기
   ④ 말기 → 원통형으로 말고 이음매에 물칠하고 봉합한다.
   ⑤ 자르기
   - palm leaf(야자잎모양) – 3cm
   - triple leaf(세잎모양) – 4cm
   - basket(바구니모양) – 3cm
   - rose(장미모양) – 3cm
   - butterfly(나비모양) – 5cm
   - 말발굽모양 – 길이 15cm. 칼집 8개
6. 팬닝 : 철판 사용 빵부분에만 계란물을 칠한다.
7. 2차 발효 : 온도 35~40°C 상대습도 85~90%의 조건에서 20분 정도 발효시킨다(단, 시간보다 상태로 판단).
8. 굽기 : 195/140°C, 12~14분(진갈색으로 굽는다)
9. 구운직후 붓으로 버터칠을 하기도 한다.

우유식빵

 배합표

재료	비율(%)	무게(g)
강력분	100	1200
우유	40	480
물	29	348
이스트	4	48
제빵개량제	1	12
소금	2	24
설탕	5	60
쇼트닝	4	48
합계	156	2220

memo

시험시간

4시간

요구사항

다음 요구사항대로 우유식빵을 제조하여 제출하시오.
- 배합표의 각 재료를 계량하여 재료별로 진열하시오 (7분).
- 반죽은 스트레이트법으로 제조하시오.
  (단, 유지는 클린업 단계에 첨가하시오.)
- 반죽 온도는 27℃를 표준으로 하시오.
- 표준분할무게는 180g으로 하고, 제시된 팬의 용량을 감안하여 결정하시오.
  (단, 분할무게 ×3을 1개의 빵으로 함)
- 반죽은 전량을 사용하여 성형하시오.

제조공정

스트레이트법

1. 믹싱 : 유지를 제외한 전재료를 클린업단계까지 믹싱하고 유지를 넣은 후 최종단계까지 믹싱한다.
2. 반죽온도 : 27℃
3. 1차 발효 : 온도 27℃ 상대습도 75~80%의 조건에서 40분 정도 발효시킨다.
4. 분할 : 180g × 12개분할 후 둥글리기를 한다.
5. 중간발효 : 10~15분
6. 성형-산형
   ① 둥글리기한 반죽을 밀대로 밀어 긴타원형이 되게 한다.
   ② 반죽을 뒤집은 후 3겹접기하여 가볍게 말아 이음매를 봉한다.
   ③ 말은 방향이 같게 하여 3개를 1조로 팬에 넣고 윗면을 눌러주어 팬바닥과 밀착시킨다.
7. 팬닝 : 식빵팬 4개 사용 180g × 3개씩 팬닝한다.
8. 2차 발효 : 온도 38~40℃ 상대습도 85~90%의 조건에서 팬높이까지 발효시킨다.
9. 굽기 : 185/190℃, 25~30분

☆ **우유식빵은 일반식빵보다 조금 낮은 온도에서 굽는다.**
(우유의 유당성분은 빵의 색깔을 진하게 만들기 때문이다.)

단과자빵(트위스트형)

 배합표

재료	비율(%)	무게(g)
강력분	100	900
물	47	422
이스트	4	36
제빵개량제	1	8
소금	2	18
설탕	12	108
쇼트닝	10	90
분유	3	26
계란	20	180
합계	199	1788

memo

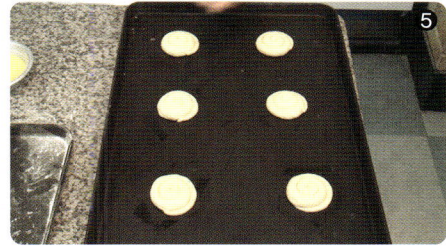

시험시간

4시간

요구사항

다음 요구사항대로 단과자빵(트위스트형)를 제조하여 제출하시오.

- 배합표의 각 재료를 계량하여 재료별로 진열하시오 (9분).
- 반죽은 스트레이트법으로 제조하시오.
  (단, 유지는 클린업 단계에 첨가하시오.)
- 반죽 온도는 27°C를 표준으로 하시오.
- 반죽분할 무게는 50g이 되도록 하시오.
- 모양은 8자형, 달팽이형, 2가지 모양으로 24개 만드시오.

제조공정

스트레이트법

1. 믹싱 : 유지를 제외한 전재료를 클린업단계까지 믹싱하고, 유지를 넣은 후 최종단계까지 믹싱한다.
2. 반죽온도 : 27°C
3. 1차발효 : 온도 27°C 상대습도 75~80%의 조건에서 40분 정도 발효시킨다.
4. 분할 : 50g 분할 후 둥글리기를 한다.
5. 중간발효 : 10~15분.
6. 성형
   ① 말아서 가스빼기
   ② 두께균일하고 조밀한 막대형으로 밀어편다.
   ③ *8자형 25cm
      *이중8자형 30cm
      *달팽이형 30cm
7. 팬닝 : 철판 사용 3 × 5개씩 팬닝 후 계란물을 칠해준다
8. 2차발효 : 온도 35~38°C 상대습도 85%의 조건에서 30분정도 발효시킨다(단, 시간보다 상태로 판단).
9. 굽기 : 190/140°C, 12~14분
10. 구운후 우유나 버터를 칠한다.

크림빵

 배합표

재료	비율(%)	무게(g)
강력분	100	800
물	53	424
이스트	4	32
제빵개량제	2	16
소금	2	16
설탕	16	128
쇼트닝	12	96
분유	2	16
계란	10	80
합계	201	1608
커스터드 파우더	1개당 30g	300

memo

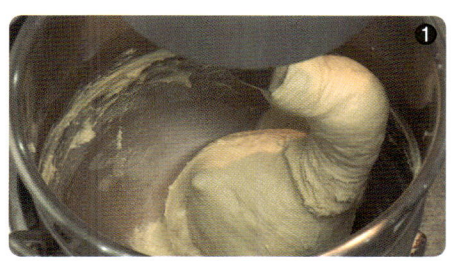

시험시간
4시간

요구사항
다음 요구사항대로 단과자빵(크림빵)을 제조하여 제출하시오.
- 배합표의 각 재료를 계량하여 재료별로 진열하시오(9분).
- 반죽은 스트레이트법으로 제조하시오.
  (단, 유지는 클린업 단계에 첨가하시오.)
- 반죽 온도는 27℃를 표준으로 하시오.
- 반죽 1개의 분할무게는 45g, 1개당 크림 사용량은 30g으로 제조하시오.
- 제품 중 12개는 크림을 넣은 후 굽고, 나머지 12개는 반달형으로 크림을 충전하지 말고 제조하시오.

제조공정

스트레이트법
1. 믹싱 : 유지를 제외한 전재료를 클린업단계까지 믹싱하고 유지를 넣은 후 최종단계까지 믹싱한다.
2. 반죽온도 : 27℃
3. 1차 발효 : 온도 27℃ 상대습도 75~80%의 조건에서 40분정도 발효시킨다.
4. 분할 : 45g 분할 후 둥글리기를 한다.
5. 중간발효 : 10~15분
6. 성형
   (1) 크림 넣고 굽는 방법
      ① 밀대로 2회에 나누어 약 15cm 길이의 타원형으로 밀어편다.
      ② 뒤집어 크림충전(30g) 후 반달형으로 접는다.
      ③ 5군데 스크레이퍼로 칼집을 내어준다.
   (2) 구운 후 크림 넣는 방법
      ① 반죽밑면에 기름칠을 한다.
      ② 기름칠한 부분을 아래로 놓고 밀대로 약 15cm 길이의 타원형으로 밀어편다.
      ③ 뒤집으며 기름칠한 면이 안으로 들어가도록 반달형으로 접는다.
7. 팬닝 : 철판 사용 3 × 5개 팬닝 후 계란물을 칠해준다.
8. 2차 발효 : 온도 35~38℃ 상대습도 85~90%의 조건에서 25분 정도 발효시킨다(단, 시간보다 상태로 판단).
9. 굽기 : 195/140℃, 12~14분
10. 구운직후 계란물칠을 한다.

☆ **커스터드 파우더 만들기**

커스터드 믹스 375g을 냉수 1,000g과 섞어 윤기날 때까지 충분히 저어준다.
사용하기 전에 거품기로 부드럽게 풀어 사용한다.

풀먼식빵

배합표

재료	비율(%)	무게(g)
강력분	100	1400
물	58	812
이스트	4	56
제빵개량제	1	14
소금	2	28
설탕	6	84
쇼트닝	4	56
계란	5	70
분유	3	42
합계	183	2562

memo

시험시간

3시간 40분

요구사항

다음 요구사항대로 풀먼식빵을 제조하여 제출하시오.
- 배합표의 각 재료를 계량하여 재료별로 진열하시오 (9분).
- 반죽은 스트레이트법으로 제조하시오.
 (단, 유지는 클린업 단계에 첨가하시오.)
- 반죽 온도는 27°C를 표준으로 하시오.
- 표준분할무게는 250g으로 하고, 제시된 팬의 용량을 감안하여 결정하시오.
 (단, 분할무게 ×2를 1개의 식빵으로 함)
- 반죽은 전량을 사용하여 성형하시오.

제조공정

스트레이트법

1. 믹싱 : 유지를 제외한 전재료를 클린업단계까지 믹싱하고 유지를 넣은 후 최종단계까지 믹싱한다.
2. 반죽온도 : 27°C
3. 1차 발효 : 온도 27°C 상대습도 75~80%의 조건에서 40분 정도 발효시킨다.
4. 분할 : 250g × 8개 분할 후 둥글리기를 한다.
5. 중간발효 : 10~15분
6. 성형-산형
 ① 둥글리기한 반죽을 밀대로 밀어 긴 타원형이 되게한다.
 ② 반죽을 뒤집은 후 3겹접기하여 가볍게 말아 이음매를 봉한다.
 ③ 말은 방향이 같게 하여 2개를 1조로 팬에 넣고 윗면을 눌러주어 팬바닥과 밀착시킨다.
7. 팬닝 : 풀먼식빵팬 4개 사용 250g × 2개씩 팬닝한다.
8. 2차 발효 : 온도 35~40°C 상대습도 85~90%의 조건에서 팬높이 – 1cm까지 발효시킨 후 뚜껑덮고 굽는다.
9. 굽기 : 190/190°C, 30~35분

⭐ 윗면의 색깔이 일정하게 굽는다.

소보로빵

 배합표

빵 반죽		
재료	비율(%)	무게(g)
강력분	100	900
물	47	423(422)
이스트	4	36
제빵개량제	1	9(8)
소금	2	18
마가린	18	162
탈지분유	2	18
계란	15	135(136)
설탕	16	144
합계	205	1845(1844)

토핑용 소보로		
재료	비율(%)	무게(g)
중력분	100	420
설탕	60	252
마가린	50	210
땅콩버터	15	63(62)
계란	10	42
물엿	10	42
탈지분유	3	12.6(12)
베이킹파우더	2	8.4(8)
소금	1	4.2(4)
합계	251	1054.2(1054)

memo

시험시간

4시간

요구사항

다음 요구사항대로 소보로빵를 제조하여 제출하시오.
- 빵반죽 재료를 계량하여 재료별로 진열하시오(9분).
- 반죽은 스트레이트법으로 제조하시오.
  (단, 유지는 클린업 단계에 첨가하시오.)
- 반죽 온도는 27°C를 표준으로 하시오.
- 반죽 1개의 분할무게는 50g씩, 1개당 소보로 사용량은 약 30g씩으로 제조하시오
- 토핑용 소보로는 배합표에 의거 직접 제조하여 사용하시오.
- 반죽은 25개 성형하고, 남은 반죽은 감독위원의 지시에 따라 별도로 제출하시오.

제조공정

스트레이트법

1. 믹싱 : 유지를 제외한 전재료를 클린업단계까지 믹싱하고 유지를 넣은 후 최종단계까지 믹싱한다.
2. 반죽온도 : 27°C
3. 1차 발효 : 온도 27°C 상대습도 75~80%의 조건에서 40분 정도 발효시킨다.
4. 분할 : 46g 분할 후 둥글리기를 한다.
5. 중간 발효 : 10~15분
6. 성형
   ① 재둥글리기로 가스빼기
   ② 반죽 윗면에 붓으로 물칠하기
   ③ 26g 소보로찍기
7. 팬닝 : 철판 사용 3 × 5개 팬닝
8. 2차 발효 : 온도 35~38°C 상대습도 85%의 조건에서 30분정도 발효시킨다.
9. 굽기 : 190/140°C, 12~15분

소보로 제조

1. 그릇에 마가린, 땅콩버터, 소금, 설탕, 물엿을 넣어 가볍게 믹싱한다.
2. 계란을 넣어 믹싱한다(계란은 1/2만 사용한다).
3. 중력분, 분유, 베이킹파우더를 혼합한 후 체질해 넣고 파실파실한 반죽을 만든다(단, 시간보다 상태로 판단).
4. 실온 또는 냉장고에서 휴지시킨다.
5. 사용하기 전에 되기조절하여 사용한다.

호밀빵

 배합표

재료	비율(%)	무게(g)
강력분	70	770
호밀가루	30	330
이스트	3	33
제빵개량제	1	12
물	60~65	660~715
소금	2	22
황설탕	3	34
쇼트닝	5	56
탈지분유	2	22
몰트액	2	22
합계	178~183	1958~2016

memo

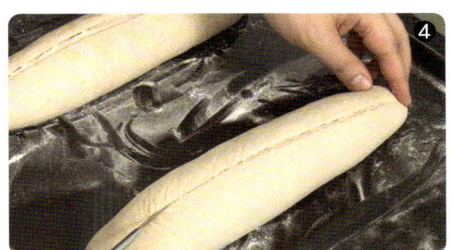

시험시간

4시간

요구사항

다음 요구사항대로 호밀빵을 제조하여 제출하시오.
- 배합표의 각 재료를 계량하여 재료별로 진열하시오 (10분).
- 반죽은 스트레이트법으로 제조하시오.
- 반죽 온도는 25°C를 표준으로 하시오.
- 표준분할무게는 330g으로 하시오.
- 제품의 형태는 타원형(럭비공 모양)으로 제조하고, 칼집모양을 가운데 일자로 내시오.
- 반죽은 전량을 사용하여 성형하시오.

제조공정

스트레이트법

1. 믹싱 : 유지를 제외한 전재료를 클린업 단계까지 믹싱한 후 유지를 넣고 최종단계까지 믹싱한다.
2. 반죽온도 : 25°C
3. 1차 발효 : 온도 27°C 상대습도 75~80%에서 40분 발효한다.
4. 분할 : 330g 분할 후 둥글리기 한다.
5. 중간발효 : 15분
6. 성형-고구마(럭비공모양)
   ① 중간발효한 반죽을 밀대로 밀어 긴 타원형이 되게한다.
   ② 반죽을 뒤집은 후 고구마형태로 가볍게 말아 봉한다.
7. 팬닝 : 2개씩 팬닝한다.
8. 2차 발효 : 온도 35~43°C, 상대습도 85%의 조건에서 40분간 발효 시킨다(단, 시간보다는 상태로 판단).
9. 칼집내기 : 약 15도 각도로 가운데를 일자로 1cm 깊이로 칼집을 낸다.
10. 굽기 : 230/210°C 스팀주고 190/150°C 30~35분

☆ 스팀 없으면 칼집낸 후 분무기로 물을 뿌리고 오븐에 넣고 다시 물을 뿌리고 굽는다.

통밀빵

 배합표

재료	비율(%)	무게(g)
강력분	80	800
통밀가루	20	200
이스트	2.5	25(24)
제빵개량제	1	10
물	63~65	630~650
소금	1.5	15(14)
설탕	3	30
버터	7	70
탈지분유	2	20
몰트액	1.5	15(14)
합계	181.5~183.5	1812~1835
(토핑용)오트밀	–	200g

memo

시험시간

3시간 30분

요구사항

다음 요구사항대로 통밀빵을 제조하여 제출하시오.

- 배합표의 각 재료를 계량하여 재료별로 진열하시오(10분).
  - (토핑용) 오트밀은 계량시간에서 제외한다.
- 반죽은 스트레이트법으로 제조하시오.
- 반죽 온도는 25℃를 표준으로 하시오.
- 표준분할무게는 200g으로 하시오.
- 제품의 형태는 밀대(봉)형(22~23cm)으로 제조하고, 표면에 물을 발라 오토 밀을 보기좋게 적당히 묻히시오.
- 반죽은 전량을 사용하여 성형하시오.

제조공정

스트레이트법

1. 믹싱: 발전단계까지 믹싱한다.
2. 반죽온도: 25℃
3. 1차발효: 온도 27℃ 상대습도 75~80%
4. 분할: 100g 분할 후 둥글리기 한다.
5. 중간발효: 10분
6. 정형: 봉형으로 22~23cm로 정형한다.
7. 붓으로 윗면에 물을 묻힌다.
8. 오트밀을 굴려 주면서 묻힌다.
9. 팬닝: 9개씩×2판
10. 2차발효: 온도 35~43℃, 상대습도 85% 조건에서 발효한다.(※ 상태로 판단)
11. 굽기: 215/140℃, 14분

버터롤

 배합표

재료	비율(%)	무게(g)
강력분	100	900
설탕	10	90
소금	2	18
버터	15	134
탈지분유	3	26
계란	8	72
이스트	4	36
제빵개량제	1	8
물	53	476
합계	196	1764

memo

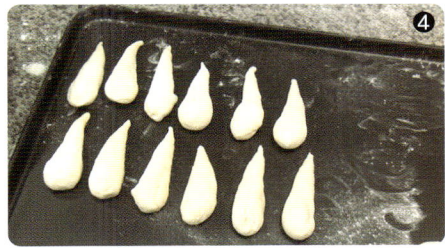

시험시간

4시간

요구사항

다음 요구사항대로 버터롤을 제조하여 제출하시오.

- 배합표의 각 재료를 계량하여 재료별로 진열하시오 (9분).
- 반죽은 스트레이트법으로 제조하시오. (단, 유지는 클린업 단계에 첨가하시오.)
- 반죽온도는 27°C를 표준으로 하시오.
- 반죽 1개의 분할무게는 50g으로 제조하시오.
- 제품의 형태는 번데기 모양으로 제조하시오.
- 반죽은 24개 성형하고, 남은 반죽은 감독위원의 지시에 따라 별도로 제출하시오.

제조공정

스트레이트법

1. 믹싱 : 유지를 제외한 전재료를 클린업단계까지 믹싱하고 유지를 넣은 후 최종단계까지 믹싱한다.
2. 반죽온도 : 27°C
3. 1차 발효 : 온도 27°C 상대습도 80%의 조건에서 40분 정도 발효시킨다.
4. 분할 : 50g 분할 후 둥글리기를 한다.
   ○ → ♡
5. 중간 발효 : 10~20분
6. 성형 : 번데기형
   ① 13cm 정도의 원뿔형으로 밀어편다.
   ② 원뿔형의 상단부분부터 가볍게 말아준다.
7. 팬닝 : 철판 사용 3 × 5개 팬닝 후 계란물 칠을 해준다.
8. 2차 발효 : 온도 35°C 상대습도 85%의 조건에서 30분 정도 발효시킨다(단, 시간보다 상태로 판단).
9. 굽기 : 200/140°C, 11~12분 정도 굽는다.
10. 구운직후 우유나 버터를 칠한다.

옥수수식빵

 배합표

재료	비율(%)	무게(g)
강력분	80	960
옥수수분말	20	240
물	60	720
이스트	3	36
제빵개량제	1	12
소금	2	24
설탕	8	96
쇼트닝	7	84
탈지 분유	3	36
계란	5	60
합계	189	2268

memo

시험시간

3시간 40분

요구사항

다음 요구사항대로 옥수수식빵을 제조하여 제출하시오.

- 배합표의 각 재료를 계량하여 재료별로 진열하시오 (10분).
- 반죽은 스트레이트법으로 제조하시오.
  (단, 유지는 클린업 단계에 첨가하시오.)
- 반죽 온도는 27°C를 표준으로 하시오.
- 표준분할무게는 180g으로 하고, 제시된 팬의 용량을 감안하여 결정하시오.
  (단, 분할무게 × 3을 1개의 식빵으로 함)
- 반죽은 전량을 사용하여 성형하시오.

제조공정

스트레이트법

1. 믹싱 : 유지를 제외한 전재료를 클린업단계까지 믹싱하고 유지를 넣은 후 최종단계까지 믹싱한다(일반 식빵 반죽보다 믹싱시간이 짧다.)
2. 반죽온도 : 27°C
3. 1차 발효 : 온도 27°C 상대습도 75~80%의 조건에서 40분 정도 발효시킨다.
4. 분할 : 180g 분할 후 둥글리기를 한다.
5. 중간발효 : 10~15분
6. 성형-산형
   ① 둥글리기한 반죽을 밀대로 밀어 긴 타원형이 되게한다.
   ② 반죽을 뒤집은 후 3겹접기하여 가볍게 말아 이음매를 봉한다.
   ③ 말은 방향이 같게 하여 3개를 1조로 팬에 넣고 윗면을 눌러주어 팬바닥과 밀착시킨다.
7. 팬닝 : 식빵팬 4개 사용 180 g × 3개씩 팬닝한다.
8. 2차 발효 : 온도 35~40°C 상대습도 85~90%의 조건에서 팬높이 +1 cm까지 발효시킨다.
9. 굽기 : 185/190°C, 25~30분

모카빵

배합표

빵 반죽

재료	비율(%)	무게(g)
강력분	100	850
물	45	382
이스트	5	42
제빵개량제	1	8
소금	2	16
설탕	15	128
버터	12	102
탈지분유	3	26
계란	10	86
커피	1.5	12
건포도	15	128
합계	209.5	2304.5

토핑용 비스킷

재료	비율(%)	무게(g)
박력분	100	350
버터	20	70
설탕	40	140
계란	24	84
베이킹파우더	1.5	5
우유	12	42
소금	0.6	2
합계	198.1	693

memo

시험시간

4시간 (충전용, 토핑용 재료는 계량시간에서 제외)

요구사항

다음 요구사항대로 모카빵을 제조하여 제출하시오.
- 배합표의 빵반죽 재료를 계량하여 재료별로 진열하시오 (11분).
- 반죽은 스트레이트법으로 제조하시오.
  (단, 유지는 클린업 단계에서 첨가하시오.)
- 반죽온도는 27°C를 표준으로 하시오.
- 반죽 1개의 분할무게는 250g, 1개당 비스킷은 100g씩으로 제조하시오.
- 제품의 형태는 타원형(럭비공 모양)으로 제조하시오.
- 토핑용 비스킷은 주어진 배합표에 의거 직접 제조하시오.
- 완제품 6개를 제출하시오.

제조공정

스트레이트법

1. 믹싱
   ① 유지와 건포도를 제외한 전재료를 클린업단계까지 믹싱하고 유지를 넣은 후 최종단계까지 믹싱한다.
   ② 믹싱이 완료되면 전처리된 건포도를 1단으로 섞는다.
2. 반죽온도 : 27°C
3. 1차 발효 : 온도 27°C 상대습도 75~80%의 조건에서 40분 정도 발효한다.
4. 비스킷 반죽제조(크림법)
   ① 버터, 설탕, 소금을 그릇에 넣고 크림상태로 만든다.
   ② 계란을 넣고 부드러운 크림상태로 제조한다.
   ③ 건조재료(밀가루, 분유, 베이킹파우더)를 체로 쳐서 넣고 살짝 섞은 다음 우유를 넣고 반죽완료한다.
   ④ 비닐에 싸서 휴지한다.
5. 분할 : 250g×9개 분할 후 둥글리기를 한다.
6. 중간발효 : 10~15분
7. 성형 : 고구마형
   ① 둥글리기한 반죽을 밀대로 밀어 긴 타원형이 되게 한다.
   ② 반죽을 뒤집은 후 고구마 형태로 가볍게 말아 봉한 후 이음매를 팬바닥과 밀착시킨다.
8. 토핑씌우기 : 비스킷 반죽 100g을 밀어서 반죽 윗면에 물을 바르고 씌워준다.
9. 팬닝 : 적절한 간격을 유지하여 3개 또는 4개씩 팬닝한다.
10. 2차 발효 : 온도 35~40°C 상대습도 85~90%의 조건에서 30분 정도 발효한다(단, 시간보다 상태로 판단).
11. 굽기 : 185/150°C, 25분

★ 건포도 전처리–따뜻한 물에 씻어 건져내고 마른 행주로 물기를 제거한다.

버터톱식빵

 배합표

재료	비율(%)	무게(g)
강력분	100	1200
물	40	480
이스트	4	48
제빵개량제	1	12
소금	1.8	22
설탕	6	72
버터	20	240
탈지분유	3	36
계란	20	240
합계	195.8	2350
버터(바르기용)	5	60

memo

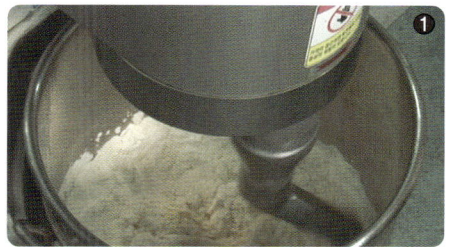

시험시간

3시간 30분 (충전용, 토핑용 재료는 계량시간에서 제외)

요구사항

다음 요구사항대로 버터톱 식빵을 제조하여 제출하시오.

- 배합표의 각 재료를 계량하여 재료별로 진열하시오 (9분).
- 반죽은 스트레이트법으로 만드시오. (단, 유지는 클린업 단계에 첨가하시오.)
- 반죽온도는 27°C를 표준으로 하시오.
- 분할무게는 460g 짜리 5개를 만드시오(한덩이: one loaf).
- 윗면을 길이로 자르고 버터를 짜 넣는 형태로 만드시오.
- 반죽은 전량을 사용하여 성형하시오.

제조공정

스트레이트법

1. 믹싱 : 유지를 제외한 전재료를 클린업단계까지 믹싱하고 유지를 넣은 후 최종단계까지 믹싱한다.
2. 반죽온도 : 27°C
3. 1차 발효 : 온도 27°C 상대습도 75~80%의 조건에서 40분 정도 발효시킨다.
4. 분할 : 460g × 5분할 후 둥글리기를 한다.
5. 중간발효 : 10~20분
6. 성형 : one loaf형
   ① 둥글리기한 반죽을 밀대로 밀어 긴 타원형이 되게 한다.
   ② 반죽을 뒤집는다.
   ③ 가볍게 말아준 후 이음매를 봉해 팬바닥과 밀착시킨다.
7. 팬넣기 : 식빵팬에 한 덩어리씩 넣는다.
8. 2차 발효 : 온도 35~43°C 상대습도 85%의 조건에서 팬높이 −1cm까지 발효시킨다.
9. 버터짜기 : 발효된 반죽 가운데를 일자로 칼집내고(깊이 0.5cm) 짤주머니를 이용하여 버터를 가늘게 한 줄 짜준다.
10. 굽기 : 190/180°C 30분

쌀식빵

 배합표

재료	비율(%)	무게(g)
강력분	70	910
쌀가루	30	390
물	63	819(820)
이스트	3	39(40)
소금	1.8	23.4(24)
설탕	7	91(90)
쇼트닝	5	65(66)
탈지분유	4	52
제빵개량제	2	26
합계	185.8	2415.4 (2418)

memo

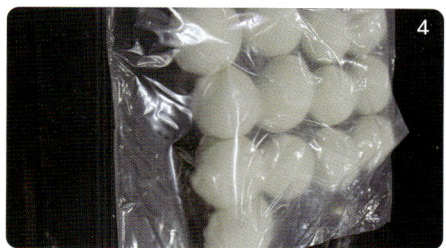

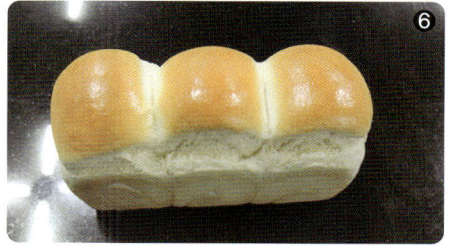

시험시간

3시간 40분

요구사항

다음 요구사항대로 쌀식빵을 제조하여 제출하시오.
- 배합표의 간 재료를 개량하여 재료별로 진열하시오 (9분).
- 번죽은 스트레이트법으로 제조하시오(단 유지는 클린업 단계에서 첨가하시오.
- 반죽온도는 27도를 표준으로 하시오
- 분할무게는 198g씩으로 하고 제시된 용량을 감안하여 결정하시오.
  (단 분할무게 x3을 1개의 식빵으로 함)
- 반죽은 전량을 사용하여 성형하시오.

제조공정

스트레이트법

1. 쇼트닝을 제외한 모든재료를 믹서 볼에 넣고 믹싱한다.
2. 클린업 단계에서 쇼트닝을 넣고 최종단계까지 믹싱한다.
   (반죽온도 27도)
3. 온도 27도 습도 75~80% 상태에서 60~70분간 1차 발효를 시킨다.
4. 180g씩 분할해 둥글리기한 후 10~15분 중간발효를 시킨다.
5. 밀대로 반죽을 밀어 가스를 빼고 3겹 접기를 한다음 단단하고 둥글게 만다. 이음매도 잘 봉 한다.
6. 성형한 반죽을 3개씩 나란히 식빵 틀에 채운다
7. 온도 35~38도 습도 85% 상태에서 45~50분간 2차발효를 시킨다.
   ※ 가스 보유력이 최대인 상태로 틀 위로 1cm 정도 올라온 상태가 적당하다.
8. 윗불 175도, 아랫불 180도 오븐에서 30~35분간 굽는다.

브리오슈

 배합표

재료	비율(%)	무게(g)
강력분	100	900
물	30	270
이스트	8	72
소금	1.5	13.5(14)
마가린	20	180
버터	20	180
설탕	15	135(136)
탈지분유	5	45(46)
계란	30	270
브랜디	1	9(8)
합계	230.5	2074.5(2076)

memo

 시험시간

3시간 30분

 요구사항

다음 요구사항대로 브리오슈를 제조하여 제출하시오.
- 배합표의 각 재료를 계량하여 재료별로 진열하시오 (10분).
- 반죽은 스트레이트법으로 제조하시오.
  (단, 유지는 클린업 단계에 첨가하시오.)
- 반죽 온도는 25~26℃를 표준으로 하시오.
- 분할무게는 40g 씩이며, 오뚜기 모양으로 제조하시오.
- 반죽은 전량을 사용하여 성형하시오.

 제조공정

스트레이트법

1. 믹싱
   ① 마가린과 버터 1/2을 제외한 나머지 재료를 넣고 믹싱한다.
   ② 발전 단계가 되면 마가린과 버터를 1/2을 넣고 최종단계까지 믹싱한다.
2. 반죽온도 : 25~26℃
3. 1차 발효 : 온도 27℃ 상대습도 75~80%의 조건에서 25~30분 정도 발효시킨다.
4. 분할 : ① 40g, 둥글리기 후 ② 40g 중 8~10g을 떼내어 둥글리기를 한다.
5. 중간 발효 : 10~15분
6. 성형 및 팬닝
   ① 몸통을 둥글리기하여 브리오슈 팬 안에 넣는다.
   ② 반죽 중앙을 물묻힌 손가락으로 정가운데를 바닥까지 구멍을 뚫는다.
   ③ 머리를 중앙에 꽂는다(오뚜기 모양).
   ④ 발효실에서 2차발효한다.
     * 몸통은 발효실에서, 머리는 실온에서 각각 2차발효한 후 몸통중앙에 머리를 꽂아 굽는 방법도 있다.
7. 2차 발효 : 온도 35~38℃ 상대습도 80~85%의 조건에서 25분 정도 발효시킨다(단, 시간보다 상태로 판단).
   (2차 발효 후 전란을 조심스럽게 곱게 칠한다.)
8. 굽기 : 190/170℃, 15분

페이스트리식빵

 배합표

재료	비율(%)	무게(g)
강력분	75	660
중력분	25	220
물	44	387(388)
이스트	6	53(54)
소금	2	18
마가린	10	88
계란	15	132
설탕	15	132
탈지분유	3	26
제빵개량제	1	9(8)
합계	196	1725(1726)
파이용 마가린	총 반죽의 30%	517.6 (518)

memo

시험시간

4시간 30분

요구사항

다음 요구사항대로 페이스트리 식빵을 제조하여 제출하시오.

- 배합표의 각 재료를 계량하여 재료별로 진열하시오(10분).
- 반죽을 스트레이트법으로 제조하시오.
  (단, 유지는 클린업 단계에 첨가하시오.)
- 반죽 온도는 20℃를 표준으로 하시오.
- 접기와 밀기는 3겹, 접기는 3회 하시오.
- 트위스트형(세가닥 엮기)으로 성형하시오.
- 반죽은 전량을 사용하여 성형하시오.
- 충전용 재료는 계량시간에서 제외

제조공정

스트레이트법

1. 믹싱: 발전단계까지 믹싱한다.
2. 반죽온도: 20℃
3. 반죽휴지: 반죽이 마르지 않도록 비닐에 싸서 냉장고에서 30분 전후 휴지한다.
4. 파이용마가린을 정사각형으로 만들어 놓는다.
5. 반죽 밀어펴기
   ① 냉장휴지 된 반죽에 파이용 마가린을 대각으로 올린 후 반죽을 감싼 뒤 이음매를 봉합한다.
   ② 정방향으로 밀어펴서 3겹 접기 후 냉장고에서 10~15분간 휴지시킴(3절×3회)
6. 성형: 반죽을 직사각형으로 밀어 편 후 4등분 후 세가닥씩 자른다.
   세가닥 엮기로 성형을 한다.
7. 팬닝: 4개의 팬에 팬닝한다.
8. 2차 발효: 온도 28~33℃, 상대습도 75~80%에서 팬 − 1cm까지 발효한다.
9. 굽기: 185/150℃, 50분

블란서빵

 배합표

재료	비율(%)	무게(g)
강력분	100	1000
물	65	610
이스트	3.5	35(36)
제빵개량제	1.5	15(16)
소금	2	20
합계	172	1720(1722)

memo

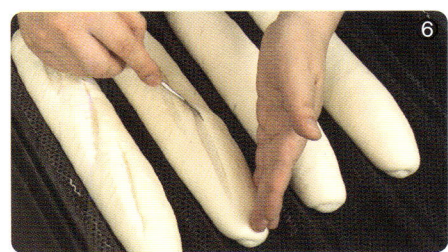

시험시간

4시간

요구사항

다음 요구사항대로 불란서빵을 제조하여 제출하시오.
- 배합표의 각 재료를 계량하여 재료별로 진열하시오 (5분).
- 반죽은 스트레이트법으로 제조하시오.
- 반죽 온도는 24°C를 표준으로 하시오.
- 반죽은 200g 씩으로 분할하고, 막대모양으로 만드시오.
  (단, 막대길이는 30cm, 3군데에 자르기를 하시오.)
- 반죽은 전량을 사용하여 성형하시오.
- 평철판을 사용하여 구우시오.

제조공정

스트레이트법

1. 믹싱 : 전재료를 넣고 최종단계까지 믹싱한다.
2. 반죽온도 : 24°C
3. 1차 발효 : 온도 27°C 상대습도 75%의 조건에서 40분 정도 발효시킨다.
4. 분할 : 200g × 8개 분할 후 둥글리기를 한다.
   ※ 가스빼기시 지나치지 않도록 가볍게 둥글리기 한다.
5. 중간 발효 : 30분
6. 성형 : 둥근막대형
   ① 긴 정방형으로 밀어편다.
   ② 뒤집어서 삼겹접기 후 끝부분부터 말아 넣으면서 말리는 부분을 손바닥으로 눌러준다.
   ③ 이음매를 봉한 후 아래로 가도록 팬닝한다.
7. 팬닝 : 한 철판에 4개씩
8. 2차 발효 : 온도 30~32°C 상대습도 75%의 조건에서 40분 정도 발효시킨다(단, 시간보다 상태로 판단).
9. 칼집내기 : 약 15도 각도로 3군데를 1cm 깊이로 자른다.
10. 굽기 : 230/210°C 스팀주고 190/150°C 30~35분
    ※ 스팀이 없으면 칼집낸 후 분무기로 물을 뿌리고 오븐에 넣고 다시 물을 뿌리고 굽는다.

더치빵

 배합표

더치빵 반죽		
재료	비율(%)	무게(g)
강력분	100	1100
물	60	660
이스트	3	33(14)
제빵개량제	1	11(12)
소금	1.8	20
설탕	2	22
쇼트닝	3	33(34)
탈지분유	4	44
흰자	3	33(34)
합계	177.8	1956 (1960)

토핑반죽		
재료	비율(%)	무게(g)
멥쌀가루	100	200
중력분	20	40
이스트	2	4
설탕	2	4
소금	2	4
물	85	170
마가린	30	60
합계	241	482

memo

시험시간

4시간 (충전용, 토핑용 재료는 계량시간에서 제외)

요구사항

다음 요구사항대로 더치빵를 제조하여 제출하시오.
- 더치빵 반죽 재료를 계량하여 재료별로 진열하시오 (9분).
- 반죽은 스트레이트법으로 제조하시오. (단, 유지는 클린업 단계에 첨가하시오.)
- 반죽 온도는 27°C로 표준으로 하시오.
- 빵반죽에 토핑할 시간을 맞추어 발효시키시오.
- 빵 반죽은 1개당 300g씩 분할하시오.
- 반죽은 전량을 사용하여 성형하시오.

제조공정

스트레이트법

1. 믹싱 : 유지를 제외한 전재료를 클린업 단계까지 믹싱한 후 유지를 넣고 최종단계까지 믹싱한다.
2. 반죽온도 : 27°C
3. 1차발효 : 온도 27°C 상대습도 75~80%의 조건에서 40분 정도 발효시킨다.
4. 토핑반죽제조 : 1차 발효가 끝날 무렵에 토핑반죽을 만들어 1시간 정도 발효시킨다.
   ① 그릇에 물과 마가린을 제외한 전 재료를 넣고 혼합한다.
   ② 물을 되기 조절하며 넣는다.
   ③ 용해마가린을 넣어 골고루 섞어준다.
   ④ 반죽온도 27°C
5. 분할 : 300g×6개 분할 후 둥글리기를 한다.
6. 중간발효 : 10~15분
7. 성형 : 고구마형
   ① 둥글리기한 반죽을 밀대로 밀어 긴 타원형이 되게 한다.
   ② 반죽을 뒤집은 후 고구마 형태로 가볍게 말아 봉한 후 이음매를 팬바닥과 밀착시킨다.
8. 팬닝 : 철판에 3개 팬닝
9. 2차 발효 : 온도 35~38°C 상대습도 80~85%로 30분 정도 발효시킨다(단, 시간보다 상태로 판단).
10. 토핑물 바르기 : 스패튤라를 사용하여 발효된 반죽 윗면에 골고루 바른다.
11. 굽기 : 185/150°C, 25~30분

데니시페이스트리

배합표

재료	비율(%)	무게(g)
강력분	80	720
박력분	20	180
물	45	405(406)
이스트	5	45(46)
소금	2	18
설탕	15	135(136)
마가린	10	90
분유	3	27(28)
계란	15	135(136)
합계	195	1755(1760)
파이용 마가린 총 반죽의 30%		526.5 (527~528)

memo

시험시간

4시간 30분

요구사항

다음 요구사항대로 데니시 페이스트리를 제조하여 제출하시오.

- 배합표의 각 재료를 계량하여 재료별로 진열하시오 (9분).
- 반죽은 스트레이트법으로 제조하시오.
- 반죽 온도는 20°C를 표준으로 하시오.
- 모양은 달팽이형, 초생달형, 바람개비형 중 감독위원이 선정한 2가지를 만드시오.
- 접기와 밀어펴기는 3겹 접기 3회로 하시오.
- 반죽은 전량을 사용하여 성형하시오.

제조 공정

스트레이트법

1. 믹싱 : 피복용 유지를 제외한 전재료를 발전단계 초기까지 믹싱한다.
2. 반죽온도 : 20°C
3. 반죽 휴지 : 반죽이 마르지 않도록 비닐에 싸서 냉장고에서 30분 전후 휴지시킨다.
4. 반죽 밀어펴기 : ① 정방형으로 반죽을 밀어편다.
   ② 밀어편 반죽에 대각으로 피복용 유지 충전 후 반죽을 접어준다.
   ③ 접어준 반죽이 터지지 않도록 봉한다.
5. 밀어펴기 및 접기(3절 × 3회)
   ① 정방형으로 밀어펴서 3겹 접기 후 냉장고에서 30분간 휴지시킴
   ② ①과 동일
   ③ ①과 동일
6. 성형 : 반죽을 두께 0.3~0.5 cm로 밀어편 뒤, 바람개비형, 달팽이형, 초승달형 등을 성형한다.
7. 팬닝 : 철판 사용 3 × 5개 팬닝한다.
8. 2차 발효 : 온도 28~33°C 상대습도 75~80%로 40~60분 정도 발효시킨다(75% 발효가 적당하다). (단 시간보다는 상태로 판단한다.) 계란물칠후 굽기를 한다.
9. 굽기 : 195/160°C, 15분
10. 마무리 : 광택제(1:1 설탕시럽) 바르기

제과제빵 실기
Confectionery & Baking

초판인쇄 | 2023년 12월 20일
초판발행 | 2023년 12월 26일
펴낸곳 | 도서출판 가람북스
펴낸이 | 정병남
저자 | (사)아시아외식연합회
주소 | 서울시 동작구 노량진동 217-43 운주빌딩 201호
전화 | 02)823-7004
팩스 | 02)823-8012
등록 | 제 319-2008-29호
ISBN | 979-11-85506-16-6(13590)
정가 | 17,000원

※ 이 책의 내용, 사진, 그림 등의 전부나 일부의 무단 복제 및 무단 전사를 일절 금합니다.
※ 잘못 만들어진 책은 구입하신 곳에서 교환해 드립니다.